Saí da Microsoft para mudar o mundo

JOHN WOOD

Saí da Microsoft para mudar o mundo

SEXTANTE

Título original:
Leaving Microsoft to Change the World

tradução
Mário Molina

preparo de originais
Débora Chaves

revisão
José Tedin Pinto, Luis Américo Costa e Tereza da Rocha

adaptação de projeto gráfico e diagramação
DTPhoenix Editorial

capa
Miriam Lerner

pré-impressão
ô de casa

impressão e acabamento
Yangraf Gráfica e Editora Ltda.

CIP-BRASIL. CATALOGAÇÃO-NA-FONTE
SINDICATO NACIONAL DOS EDITORES DE LIVROS, RJ

W853s Wood, John, 1964-
Saí da Microsoft para mudar o mundo / John Wood; tradução de Mário Molina. – Rio de Janeiro: Sextante, 2007.

Tradução de: Leaving Microsoft to change the world
ISBN 978-85-7542-281-6

1. Wood, John, 1964-. 2. Room to Read (Organização). 3. Educação rural – Ásia – Estudo de casos. I. Título.

CDD: 370.917340954
07-0793 CDU: 37(54-22)

Rua Voluntários da Pátria, 45 – Gr. 1.404 – Botafogo
22270-000 – Rio de Janeiro – RJ
Tel.: (21) 2286-9944 – Fax: (21) 2286-9244
E-mail: atendimento@esextante.com.br
www.sextante.com.br

SUMÁRIO

PARTE I – DESCOBRINDO O NEPAL; DEIXANDO A MICROSOFT *7*

Capítulo 1 – "Talvez um dia o senhor volte com livros" *8*
Capítulo 2 – Uma idéia arde à luz de velas *17*
Capítulo 3 – Você precisa vir para casa rápido! *25*
Capítulo 4 – A aventura de Woody e John *33*
Capítulo 5 – Pensando em uma mudança radical *39*
Capítulo 6 – Sozinho em uma cidade de 10 milhões de estranhos *42*
Capítulo 7 – Bill Gates na China *48*
Capítulo 8 – Indo embora *63*

PARTE II – RECOMEçANDO *73*

Capítulo 9 – Os anos de arrancada *74*
Capítulo 10 – A captação de verbas *86*
Capítulo 11 – Próxima parada: Vietnã *96*
Capítulo 12 – A força das parcerias comunitárias *109*
Capítulo 13 – O braço-direito de que todo empreendedor precisa *117*
Capítulo 14 – 11 de setembro *127*
Capítulo 15 – Construindo a "Microsoft sem fins lucrativos" *136*
Capítulo 16 – Criando uma poderosa rede de voluntários *146*
Capítulo 17 – "Sua vida é um caos" *165*

PARTE III – ACERTANDO O PASSO *173*

Capítulo 18 – Pondo as meninas no seu lugar – a escola! *174*
Capítulo 19 – "Conte comigo, Don" *184*
Capítulo 20 – Os estudantes do Camboja *190*
Capítulo 21 – Ampliando os limites da rede *196*
Capítulo 22 – Democracia em ação na Índia *202*
Capítulo 23 – O tsunami *206*
Capítulo 24 – O milionésimo livro *225*

Epílogo – O próximo capítulo de minha vida adulta *236*

Este livro é dedicado aos meus pais, que me ensinaram a amar a educação, a assumir riscos, a acreditar em mim mesmo e a servir aos outros.

É também dedicado ao incrível pessoal da Room to Read – funcionários, diretoria, doadores e voluntários espalhados pelo mundo. Colaborar com um grupo de pessoas tão apaixonado e divertido tem sido a melhor experiência da minha vida.

PARTE I

DESCOBRINDO O NEPAL; DEIXANDO A MICROSOFT

CAPÍTULO 1

"TALVEZ UM DIA O SENHOR VOLTE COM LIVROS"

O VENTO GELADO DA MONTANHA ME FEZ abotoar até em cima a jaqueta forrada de lã. Erguendo os olhos do meu diário, vi o sol mergulhar atrás das cristas cobertas de neve do imenso Himalaia e a noite me envolver cada vez mais. As nuvens pareciam se amontoar atrás das vertentes, prontas para marchar em direção ao vale como sentinelas noturnas. Um garotinho nepalês de 8 anos perguntou o que eu queria beber. Ele parecia estar cuidando sozinho da pequena pousada para mochileiros. Perguntei se tinham cerveja.

– Sim! – foi a resposta entusiástica.

Enquanto eu pensava nas leis sobre o trabalho infantil, achando que nunca tinha sido servido por um garçom tão novo, ele saiu. Num dia normal eu teria pedido um café ao anoitecer, me preparando para as três ou quatro horas restantes de minha jornada de trabalho como diretor de marketing da Microsoft. Aquele dia era abençoadamente diferente – o primeiro dos 21 dias de férias pelo Nepal. Quis a cerveja para brindar o início do mais longo período de descanso em nove anos, uma pausa na correria de minha vida na indústria de software durante os vertiginosos anos 1990.

À minha frente se estendiam três semanas sem e-mails, telefonemas, reuniões ou idas para o trabalho. Nesse período, meu maior desafio seria caminhar mais de 300km por "trilhas de burros" com a bagagem nas costas. No décimo dia, a trilha alcançaria um desfiladeiro a 5.500m de altitude. Nunca em minha vida eu subira tão alto. A aventura seria uma recompensa justa pelos anos de trabalho incessante.

Meu garçom voltou com uma garrafa empoeirada de Tuborg, que limpou na camisa preta.

– *No chiso, tato* – disse ele, se desculpando pelo fato de a cerveja estar na temperatura ambiente. Então seu rosto se iluminou. – *Tin minut* – acrescentou, já correndo com suas pernas finas e compridas na direção do rio. Enquanto eu esperava os três minutos requeridos, ele mergulhou a garrafa no gelo derretido, sorriu e acenou.

Na mesa ao lado, um nepalês de meia-idade riu alto da solução simples e eficiente do garoto.

– Quem precisa de geladeira? – perguntei, tentando puxar conversa. – Será que todas as crianças do Nepal são tão espertas?

O homem respondeu que ali as pessoas tinham de aprender a improvisar, porque possuíam muito pouco. O jantar, por exemplo, era preparado numa fogueira, porque as pessoas não dispunham de "luxos" como fornos e fogões. O menino voltou com a cerveja bem gelada e um ar de triunfo.

Pasupathi parecia ter uns 50 anos com seus óculos grossos, calça escura castigada pelo tempo, blusão de couro apertado na cintura e o tradicional *topi* nepalês, um boné de pano. No correr dos anos, o sol e o vento tinham deixado seu rosto marcado por finas rugas. Os nepaleses, logo descobri, são um povo cordial e hospitaleiro. Percebi que Pasupathi estava ansioso para conversar, então perguntei como ele ganhava a vida.

– Sou coordenador de educação da província de Lamjung – explicou. – Sou responsável por encontrar recursos para as 17 escolas desta região.

Reparei em seus tênis surrados. Isso era uma indicação de que a maioria das escolas ficava fora da estrada principal, em cantões cujo único acesso eram as estradinhas de terra por onde eu passara nas últimas sete horas de trekking. Disse a Pasupathi que eu gostava muito de ir à escola quando era criança; perguntei se as crianças nepalesas eram aplicadas.

– Aqui, nas áreas rurais, temos muitas crianças inteligentes e dispostas a aprender, mas não há escolas nem professores ou livros suficientes. Como somos um país pobre, não podemos fazer grandes investimentos em educação. Nesta aldeia, atendemos apenas até o quinto ano fundamental; depois o ensino pára, a não ser que as crianças caminhem por duas horas para chegar à escola mais próxima. Como as famílias precisam que os filhos ajudem na lavoura, a maioria acaba abandonando o estudo prematuramente.

Enquanto se servia do seu chá, Pasupathi me contou mais.

– Há dias em que fico muito triste com a situação do meu país. Quero que as crianças tenham uma boa educação, mas não estou conseguindo ajudá-las.

Ávido por mais informações, crivei-o de perguntas. Não me conformo que algo tão casual quanto o lugar em que se nasce possa resultar em uma vida inteira de analfabetismo. Minha educação não estivera garantida desde o início?

Pasupathi me contou que a taxa de analfabetismo do Nepal, de 70%, estava entre as mais elevadas do mundo. Não se tratava de apatia por parte do povo, ele insistiu. Eles acreditavam na educação, mas o governo não conseguia oferecer escolas, professores e livros em número suficiente para a população em rápido crescimento. A voz perdia o entusiasmo quando ele descrevia a realidade. Queria, por exemplo, ajudar uma aldeia a ampliar a escola que funcionava no espaço de um cômodo, mas só o que podia fazer era ouvir os pedidos e esperar que um dia pudesse dizer sim.

Nossa conversa estimulou minha curiosidade. Ali estava uma oportunidade de aprender sobre o verdadeiro Nepal. Perguntei para onde ele estava indo. Dei sorte. Ia visitar uma escola na aldeia de Bahundanda, que ficava no rumo de nossa trilha. Era uma caminhada de três horas. Perguntei se podia acompanhá-lo. Ele concordou:

– Eu ficaria orgulhoso em apresentá-lo à nossa escola. Por favor, me encontre aqui de novo às sete, para o chá.

EU NÃO ME IMAGINAVA NO MEIO DO Himalaia naquele momento da minha vida. Minhas idéias sobre uma vida adulta não incluíam mochilas nem botas de caminhada. Conhecer o Nepal era mais do que resgatar minha adolescência perdida.

Um dos fatores era a exaustão em que eu me encontrava. Eu estava na Microsoft havia apenas sete anos, mas era como se décadas tivessem se passado. Entrara na empresa pouco depois de me formar, em 1991, e vivenciara o tumultuado e vibrante crescimento da indústria de tecnologia e da Microsoft. Naquele momento, o único meio de não ficar para trás era trabalhar como um maluco.

Minha posição tinha um complicador adicional. Eu era especialista em mercados internacionais, o que significava estar em sete lugares ao mesmo tempo. Eu participava de uma reunião na África do Sul na sexta e na segunda já estava em Hong Kong, pronto para fazer apresentações e dar entrevistas à imprensa.

O trabalho era financeiramente compensador, mas cheio de pressão e de estresse. Era como se meu mantra fosse: "Você pode dormir quando estiver morto e enterrado."

Depois de sete anos nesse ritmo, comecei a me sentir incomodado: será que não há nada além de longas horas de trabalho e grandes salários? Eu havia adotado um estilo de vida "tropa de choque". Para um guerreiro corporativo como eu, tirar férias era para gente molenga. Os verdadeiros jogadores trabalhavam nos fins de semana, acumulavam centenas de milhares de milhas aéreas e construíam miniimpérios dentro do colosso global em expansão chamado Microsoft. Quem se queixava simplesmente não pensava no futuro da companhia.

Eu estava, contudo, cada vez mais consciente do preço que vinha pagando. Os relacionamentos pessoais e familiares, vencidos pela minha falta de tempo e de atenção, sobreviviam aos trancos e barrancos. Meus parentes se limitavam a resmungar quando eu avisava que não poderia comparecer a outra reunião de Natal. Quando os amigos propunham uma viagem, ou mesmo se casavam, eu tinha sempre uma reunião inadiável pela frente. A verdade é que a empresa podia contar comigo, mas os amigos e a família não.

Lembro de chegar a Sydney, depois de uma viagem de 10 dias à Tailândia e a Cingapura, e pensar: "A secretária eletrônica tem de estar enguiçada, a luz não está piscando." Mesmo assim apertei o botão. "Bip. Você... não tem... nenhuma... mensagem... nova", anunciou a voz mecânica. Podia ter acrescentado a palavra "otário" no final.

Com a indústria de software duplicando o tamanho a cada ano e a Microsoft lutando para conquistar a sua parte nesses novos mercados, as apostas pareciam justificar o sacrifício. Além disso, a cultura corporativa reforçava esse comportamento.

Só depois de uma maratona de reuniões com Steve Ballmer, o agressivo, exigente e instável Número 2 da Microsoft, é que me convenci de que merecia uma folga. Ballmer estava em Sydney para avaliar o trabalho na Ásia e não economizou nos gritos e sermões. No final, um colega, Ben, sugeriu que esfriássemos a cabeça indo a uma agência de excursões ecológicas para assistir a uma mostra de slides sobre trilhas no Nepal.

Ver aquelas inacreditáveis cadeias de montanhas foi decisivo. Quando o agente mencionou que o Circuito de Annapurna era uma "trilha clássica que cobre mais de 300km em 18 dias e o leva ao ponto mais remoto do Himalaia", comecei mentalmente a reservar aquele tempo na minha agenda. Mais tarde, durante o jantar num restaurante mongol, brinquei com Ben dizendo que, se chegássemos bem alto no Himalaia, *talvez* parássemos de ouvir Steve Ballmer gritando conosco.

DE VOLTA AO NEPAL: OS GALOS ME ACORDARAM pouco antes do dia amanhecer. Meu relógio marcava seis horas. Pensei em tirar mais uma soneca antes do encontro com Pasupathi para o chá. Apesar da baixa temperatura, meu saco de dormir me mantinha aquecido. Mas o entusiasmo de estar em pleno Himalaia levou a melhor e vesti uma malha térmica antes de me levantar. O pátio de pedra da pousada estava deserto; o nevoeiro cobria o vale.

Meu anfitrião de oito anos de idade preparou uma xícara fumegante de *duit chai* (chá com leite) para mim. Segurei-a abaixo do meu rosto. Do cardápio na cartolina amassada pedi uma omelete de queijo com torradas. O menino voltou correndo à cozinha, onde a mãe atiçava uma fogueira.

Enquanto esperava por Pasupathi, estudei a rota do dia no mapa do Circuito de Annapurna. A trilha para Bahundanda seguia o gelado e impetuoso rio Marsyendi. Íamos caminhar entre os profundos desfiladeiros que o rio cavara durante séculos de vigorosa corrida em direção à planície indiana e à baía de Bengala. As primeiras duas horas pareciam ser relativamente planas, mas havia um trecho íngreme de 1,5km que nos faria subir 250m para alcançar Bahundanda, a aldeia em que ficava a escola de Pasupathi.

Junto com a omelete ainda chiando, meu jovem garçom apresentou a conta da estada. Experimentei um sentimento de culpa diante daquele total. Tinham me dado uma cama, uma cerveja, um jantar, um café da manhã e um número ilimitado de xícaras de chá com leite por US$ 5. Dar gorjeta seria considerado um insulto; eu não sabia o que fazer para agradecer àquele menino e à família dele. Minhas ponderações foram interrompidas por Pasupathi, que pareceu sair do nada usando as mesmas roupas que vestia na noite anterior. Quando ele disse que estava pronto, devorei rapidamente a omelete e agarrei a mochila.

Um dia que começa ensolarado não pode ser um mau dia. Seguimos o rio, salpicado de grandes pedregulhos. Um volume surpreendentemente grande de água corria correnteza abaixo. Campos verdes de arroz, encravados em terraços na encosta escarpada, atingiam alturas impossíveis. O único som vinha do rio e de nossos pés andando com alegria pela estradinha de terra. Tudo parecia em paz no mundo.

Após duas horas caminhando em terreno plano, nos defrontamos com um aclive cheio de ziguezagues – o acesso a Bahundanda. Foi a primeira de muitas subidas difíceis que, com uma dor torturante nas pernas, eu ia experimentar nas semanas seguintes. A aldeia se empoleirava no alto de uma serra, debruçada sobre o vale do rio.

Pasupathi, 20 anos mais velho que eu e em seu terceiro cigarro matinal, continuava liderando. Atingiu o alto da encosta e, sem me esperar, marchou para a escola. Crianças em uniformes azuis correram para perto de nós enquanto o sino anunciava o início das aulas. Sorriam e cumprimentavam o estrangeiro de mochila nas costas. *Namaste*, "Olá, senhor".

Pasupathi me apresentou ao diretor, que se ofereceu para nos mostrar a escola. A sala do primeiro ano transbordava de alunos. Havia 70 crianças num espaço que parecia comportar metade disso. O chão era de terra batida, e o telhado, de chapas de zinco, intensificava o sol de primavera naquele final de manhã, transformando o lugar num forno. As crianças sentavam em fileiras de bancos compridos, apertadas umas contra as outras. Na falta de carteiras, equilibravam os cadernos em seus joelhinhos ossudos.

Visitamos cada uma das oito turmas; todas igualmente amontoadas. Quando entrávamos, os alunos se levantavam sem demora e gritavam "Bom dia, senhor" num inglês perfeito. O diretor nos levou em seguida para visitar a biblioteca da escola. Uma placa na porta orgulhosamente anunciava "Biblioteca Escolar", mas do lado de dentro a sala estava vazia – apenas um velho mapa-múndi com as pontas dobradas pendia na parede. Dez anos após a queda da Cortina de Ferro, lá estavam a União Soviética, a Alemanha Oriental, a Iugoslávia e outros países que tinham deixado de existir.

Formulei a pergunta do modo mais educado possível:

– É uma bela sala para uma biblioteca. Obrigado por me mostrar. Só tenho uma pergunta: onde, exatamente, estão os livros?

O diretor da escola deu um passo para fora da sala e começou a gritar. Apareceu um professor com a chave do cadeado enferrujado que fechava um armário onde os livros estavam trancados. Livros eram objetos preciosos. A escola tinha tão poucos que os professores temiam que as crianças os estragassem. Eu me perguntei como um livro podia transmitir conhecimento se ficava trancado, mas guardei esse pensamento para mim mesmo.

Senti um aperto no coração quando a arca do tesouro da escola foi aberta. Um romance de Danielle Steel com um casal seminu se abraçando na capa, um romance de Umberto Eco em italiano e um guia de viagem Lonely Planet para a Mongólia. E que biblioteca infantil poderia sobreviver sem *Finnegans Wake*, de James Joyce? Os livros eram refugos de mochileiros, inacessíveis, tanto física quanto intelectualmente, aos jovens alunos.

Perguntei sobre o número de matrículas na escola e fiquei sabendo que havia 450 alunos. Quatrocentos e cinqüenta crianças sem livros. Como isso podia estar acontecendo num mundo com tamanha abundância de bens materiais?

O diretor logo explicou:

– Posso ver que o senhor também acha que se trata de um problema muito grande. Queremos incutir em nossos alunos o hábito de ler, mas é impossível quando isso é tudo o que se tem.

Ponderei que um educador capaz de usar a palavra *incutir* merecia ter à mão melhor material pedagógico. Tive vontade de ajudar, mas não iria humilhá-los se fizesse alguma oferta? O diretor me poupou o trabalho de pensar no assunto. Sua frase seguinte ia mudar para sempre o curso da minha vida:

– Talvez um dia o senhor volte com livros.

OS PROFESSORES CONVIDARAM A MIM E Pasupathi para "beber chá". Não aceitei, dizendo que sabia que precisavam voltar às salas de aula. Eles insistiram. Então conversamos mais sobre a biblioteca. Dois professores repetiram o pedido de livros.

– Eu gostaria muito de ajudar. Mas só conseguiria reunir livros em inglês. Eles seriam úteis?

O professor do último ano me garantiu que os livros seriam muito bem-vindos. A escola, em conformidade com o currículo do governo, ensinava inglês desde o primeiro ano. Assim que abanei a cabeça e sorri, as reservas caíram e todos apresentaram sua lista de desejos: livros de ficção, livros sobre animais, cartilhas, tabuadas, livros de geografia, de introdução às ciências. Perguntei se 200 ou 300 livros seriam suficientes, e os professores, em coro, me garantiram que isso faria uma enorme diferença para a escola.

Um professor, no entanto, parecia cético. Perguntou se eu ia mesmo cumprir o que estava prometendo.

– Muitos mochileiros passam por aqui e dizem que vão nos ajudar. Mas não voltam e nunca mais ouvimos falar deles.

Assegurei aos professores de Bahundanda que ia cumprir minha palavra. O professor de inglês apertou minha mão:

– Quando o senhor voltar com livros, as cabeças das crianças vão bater no teto com seus saltos de alegria.

Imaginei como seria esse dia. Eu, no lombo de um iaque carregado de livros, recebendo uma acolhida calorosa. A caminhada daquela manhã fora bonita. E ficara ainda mais agradável com a satisfação que eu senti ao imaginar meu retorno à escola. Lembrei de meus tempos de infância, da emoção que sentia sempre que meus pais compravam livros como *Clifford, o grande cachorro vermelho*, de Norman Bridwell, ou *George, o curioso*, de H. A. Rey. Como será que as crianças nepalesas iam reagir a livros fartamente coloridos como aqueles?

Essa imagem do meu retorno, com livros a reboque, ardeu na minha mente.

– Prometo que voltaremos a nos ver.

CAPÍTULO 2

UMA IDÉIA ARDE À LUZ DE VELAS

EU DISSE ADEUS A PASUPATHI. ELE IA continuar sua jornada e caminhar mais três horas até outra escola. Agradeci por ter me apresentado ao sistema educacional do Nepal.

– Não vou dizer adeus – ele falou com um sorriso. – Vou dizer *pheri bottoloa,* que significa "até nos vermos de novo". Se voltar com livros, não esqueça que temos 17 escolas na minha província. Esta é uma de nossas melhores; as outras estão em pior estado. Por favor, volte. *Pheri bottoloa.*

Com isso, ele acendeu um cigarro, juntou as palmas das mãos, curvou a cabeça e foi embora. Caminhei a passos largos na direção oposta, com a cabeça cheia de idéias. *Será que minha biblioteca local doaria livros? Eu poderia fazer uma campanha no trabalho e também comprar algumas centenas de livros naqueles saldões tipo "Um livro por um dólar". Será que eu conseguiria voltar logo ao Nepal?*

Naquela noite parei em uma pequena pousada dirigida por uma encantadora nepalesa de uns cinqüenta e tantos anos. Estava exausto depois de oito horas caminhando com a mochila pesada, mas mentalmente energizado pelo desafio que recebera dos professores. O cardápio oferecia algumas intrigantes opções de jantar: *Trivious Roast Briten, Fielt of Blat Steaks, Winner Esnetur* e *Hungering Gulsh.*

Será que alguém vertera o cardápio do nepali para uma mistura de inglês, húngaro e alemão? Usei meu limitado tesouro de expressões em nepali para perguntar se era possível preparar uma fritada de ovos com arroz. *Mito cha*, ela respondeu, dizendo que eu escolhera um delicioso prato.

Tomei um gole do chá e comecei a conversar com uma canadense sentada à mesa do lado. Quando ela me perguntou por que havia um sorriso tão grande no meu rosto, falei com entusiasmo da escola e do meu plano. Ela me perguntou como eu pretendia despachar os livros do exterior e levantou alguns problemas potenciais: as taxas de importação e a alfândega, entre outras coisas que podiam não dar certo. Como jamais gostei de ouvir argumentos pessimistas, mudei de assunto.

Depois do jantar, voltei para meu quarto de US$ 2 por noite. Como a pousada não tinha luz, remexi na mochila para pegar uma lanterna e um livro. Estava lendo *A arte da felicidade*, do Dalai-Lama. Parecia ter sido escrito sob encomenda, pois defendia a idéia de que um de nossos deveres elementares era olhar pelas pessoas menos favorecidas: "Todos os seres providos de sentimento, particularmente os humanos, querem a felicidade e não a dor e o sofrimento."

Senti-me inspirado a escrever em meu diário: "Não importa se temos riqueza material. O que realmente importa é o que fazemos com ela. Alcancei o sucesso financeiro ainda muito jovem porque me associei à empresa certa no momento certo, mas isso não me transforma em uma pessoa melhor. O que realmente importa é o que eu faço com o dinheiro."

Os outros excursionistas dormiam. O som da caneta no papel quebrava o silêncio. Minha lanterna era a única luz. Retornei ao livro e a mais uma lição do Dalai-Lama: "Quando nos doamos, recebemos algo em troca: felicidade." Se usássemos nosso dinheiro apenas para comprar coisas, nos tornaríamos reféns de um perpétuo ciclo materialista. Ao nos preocuparmos com os mais necessitados, recebemos em troca uma sensação de calor no coração e a satisfação de ajudar a tornar o mundo um lugar melhor.

A visita a Bahundanda me deixara especialmente receptivo a esse ensinamento. Pensar nas 450 crianças que não tinham uma biblioteca adequada me ajudava a me manter fiel ao meu objetivo; não iria esquecer a escola assim que retomasse o ritmo frenético de trabalho. No passado, eu já prometera "fazer mais caridade", mas tinha fracassado: a carreira levara a melhor. Desta vez ia ser diferente.

Acompanhado apenas pelo barulho de cachorros latindo e de excursionistas roncando, comecei a esboçar uma lista com todas as pessoas que conhecia e que podiam me ajudar a conseguir os livros para Bahundanda.

MEU ENTUSIASMO EM MONTAR UMA BIBLIOTECA está diretamente relacionado às minhas primeiras e mais nítidas lembranças. Aos domingos, minha mãe contava histórias tiradas da seção de quadrinhos do jornal, e eu adorava. Na hora de dormir, pedia incessantes releituras das obras do Dr. Seuss: *Tonho choca o ovo, O gatola da cartola* e *Como o Grinch roubou o Natal.* Durante as longas viagens de carro com a família, enquanto meu irmão e minha irmã se distraíam brigando, eu não tirava o nariz do livro.

Lia tão vorazmente que o limitado orçamento de meus pais não conseguia acompanhar o ritmo. Pragmático, meu pai projetou uma solução eficiente: presenteou-me com uma bicicleta no Natal. Como a pequena biblioteca pública de Athens, na Pensilvânia, ficava a apenas 5km de nossa casa, assim que entramos no degelo da primavera dei início, orgulhosamente, às minhas viagens semanais.

Mas havia um pequeno problema. A biblioteca só permitia o empréstimo de no máximo oito livros de cada vez. Como eu nunca hesitei em sugerir que as coisas podiam ser feitas de outro modo, perguntei à bibliotecária de ar gentil e matriarcal se o limite não poderia ser ampliado. Meu empenho com a leitura a convenceu. Concordamos em manter como "nosso pequeno segredo" que, para freqüentadores especiais, o limite seria de 12 livros.

Quando meus professores descobriram que eu escondia um livro de histórias embaixo do livro didático, ficaram indignados. Mas, felizmente, minhas notas não eram afetadas. Ao que tudo indica, esse hábito deu início a uma predileção pela simultaneidade de tarefas e a uma obsessão com a produtividade. E, como notas boas eram recompensadas, eu sempre escolhia o "bônus" de poder dormir mais tarde. Eu gostava de ler quando a casa estava silenciosa; o silêncio só era quebrado pelo som das páginas sendo viradas.

Esse amor pela leitura, essa vontade de aprender e de explorar novos mundos se destacam de tal forma em minha memória afetiva que simplesmente não consigo imaginar uma infância sem livros.

DURANTE OS PRÓXIMOS 16 DIAS DE TREKKING, minha cabeça continuou voltada para a biblioteca. Um dia, conversando com um guia nepalês chamado Dawa Sherpa, mencionei o projeto. Dawa era um homem baixo, porém musculoso, graças a anos de trabalho como carregador nas expedições ao Monte Everest. Gostava muito de bonés de beisebol e de imitar o gestual e as gírias que aprendia com os turistas. "Cara, a gente se vê por aí" era um de seus bordões preferidos. Estava sempre rindo, o que me trazia à lembrança uma citação de Dostoievski: "Se quiseres dar uma espiada no interior da alma humana e passar a conhecer o homem... basta observar quando ele ri. Se ele sorri com facilidade, é um homem bom."

Esperei a resposta de Dawa à minha pergunta sobre se uma campanha para doação de livros seria uma boa idéia.

– Sim, creio que sim. Nós achamos que a educação é a chave para o futuro do nosso país. Uma das razões pelas quais nações como os Estados Unidos são ricas é que todas as crianças são criadas indo à escola. Aqui não temos essa vantagem.

Mas... e quanto aos livros em inglês? Eram necessários em uma escola rural?

– Os nepaleses querem aprender inglês. É a linguagem que vai permitir que nos comuniquemos com o mundo. Eu sou um exemplo disso. Se eu não falasse inglês, nós não estaríamos conversando e os excursionistas não iriam me contratar como guia. A maioria das pessoas no Nepal ganha muito pouco, talvez umas 50 rúpias (cerca de US$ 0,75) por dia. Mas, como guia, consigo faturar até

US$ 10 por dia. O turismo é nossa maior atividade depois da lavoura. Se você puder ajudar as crianças a aprender inglês, elas terão mais oportunidades e uma vida melhor.

Um misto de medo e entusiasmo tomou conta de mim. Meus amigos podiam não corresponder às minhas expectativas, e as exigências do meu trabalho certamente não facilitariam a realização de minha promessa. Podia me imaginar de volta ao escritório, sendo imediatamente tragado por milhões de reuniões. Precisava encontrar um meio de me manter fiel à minha promessa.

Quando se está a quase 4.000m de altitude, o frio torna-se intenso assim que o sol se esconde atrás das montanhas. Naquela noite, a única luz disponível era a de uma brilhante e sibilante lanterna a querosene. Puxei o zíper do saco de dormir e fiquei sozinho com meu diário e meus pensamentos. Pensei no conforto da vida em Sydney, onde eu tinha um carro conversível e desfrutava sozinho um apartamento com dois quartos e dois banheiros, de frente para a baía, além de alugar um depósito para guardar minhas "tralhas". Talvez, pensei, esse seja um sintoma de que a vida não anda nada bem – quando não se consegue guardar tudo o que se tem em um apartamento de 185m^2.

Ponderei se fazer apenas uma biblioteca era o bastante. O lembrete final de Pasupathi de que sua província tinha 17 escolas mexera comigo. Por que não pensar grande e começar com 10 bibliotecas? Quem sabe 20? Enfiei a mão na mochila para pegar um dos sete livros que trouxera. Quase como que respondendo às minhas perguntas, uma frase de Soren Kierkegaard apareceu na primeira página que abri: "Não há nada que assuste tanto um homem quanto ser capaz de descobrir a enormidade do que ele pode fazer e se tornar."

Senti-me desafiado, ainda que por um filósofo dinamarquês morto. Desliguei a lanterna assim que as idéias de Kierkegaard começaram a dançar na minha cabeça. Deitado no escuro e contemplando a meia-lua pela pequena janela, pensei naquele projeto como um teste: eu estaria disposto a usar minha "estrela" para ajudar os outros? Seria uma vergonha não responder àquelas necessidades de forma grandiosa.

APÓS TRÊS GLORIOSAS SEMANAS DE TREKKING, voltei a Katmandu. Tinha adorado a sensação de liberdade de estar em áreas montanhosas tão remotas, sem telefone, e-mail e toda a parafernália da moderna sociedade ocidental. Havia, contudo, um e-mail urgente que precisava ser enviado. Imediatamente saí à procura de um cibercafé. Abri o webmail, escolhi mais de 100 pessoas de meu catálogo de endereços e cliquei no botão "Enviar para todos" antes de fazer a maior chamada de vendas da minha vida.

> De: John Wood
> Assunto: Livros para o Nepal – Por favor, ajudem.
> Caros amigos,
>
> Parabéns. Vocês foram selecionados para participar de uma das idéias incríveis de John Wood. Ao contrário da maioria de minhas histórias de viagens, cheias de divagações, esta não levará muito tempo para ser contada e fará muito bem a um grande número de crianças cujas vidas são menos afortunadas que as nossas.
>
> Quando fazia uma excursão pelo Himalaia, no Nepal, fui convidado por Pasupathi, um homem que administra 17 escolas na remota província de Lamjung, a visitar uma escola local. No Ocidente, o termo "administrador escolar" pode evocar imagens de um burocrata numa escrivaninha, mas Pasupathi Neopani caminha todo dia 15km para visitar as escolas rurais, de chão de terra batida, construídas para educar as crianças que vivem em povoados das montanhas. Mas seu trabalho fica difícil pela falta de recursos.
>
> O Nepal é um dos mais belos países do mundo. É também um dos mais pobres. É difícil dar meios de sustento à população quando a maior parte do território é montanhosa e quase inabitável. É uma tarefa árdua plantar a quase 4.000m de altitude, e impossível a 5.000m. Uma medida da pobreza: os nepaleses têm renda per capita de US$ 400. Um índice mais revelador: paguem US$ 0,30 a uma família local e vocês terão uma cama para passar a noite.
>
> A falta de recursos nas escolas é triste. Quando mostrei um cartão postal de Sydney, meio amassado, os professores me perguntaram se não podiam ficar com ele para acrescentar a seu mapa-múndi. A "biblioteca" que visitamos, a despeito de ficar na maior escola do distrito, não tinha

mais de 20 livros, que, por sinal, eram apenas refugos de mochileiros e não o tipo de leitura apropriado para 450 crianças. Pensem em quanto os livros significavam para vocês quando eram crianças e no que significam para seus filhos. Depois imaginem ficar sem eles. Isso teria um impacto profundo na trajetória de suas vidas.

E aqui chegamos ao ponto crucial deste e-mail. Preciso da ajuda de vocês! Perguntei a Neopani e ao diretor da escola do que mais precisavam, e eles me disseram que precisavam de carteiras para atender ao crescimento da população e de livros. Contribuí em dinheiro para a compra de algumas carteiras e prometi voltar com livros suficientes para montar uma boa biblioteca, capaz de despertar o interesse dos alunos, fazendo-os adquirir um permanente amor pela leitura.

Se quiserem ajudar, há três coisas que vocês podem fazer:

• Mandem quantos livros puderem para crianças e jovens de até 12 anos aprenderem inglês. Há centros de coleta na Austrália e nos Estados Unidos (obrigado, mamãe e papai!) relacionados no rodapé deste e-mail.

• Repassem este e-mail a amigos ou familiares que possam contribuir. Todo mundo conhece alguém que tenha um velho exemplar de *O velho e o mar* ou *Robinson Crusoé* jogado em algum lugar da casa. Se for mandado para o Nepal, será lido dezenas de vezes por alunos extremamente interessados.

• Coloquem US$ 5 ou US$ 100 num envelope e enviem para mim. Vou comprar livros infantis em grandes lotes (10 por US$ 1) em varejistas da internet e em livrarias. Vou pessoalmente igualar todas as doações em dinheiro, um dólar meu por cada dólar recebido.

Vou pagar todos os custos de expedição e transporte para fazer os livros chegarem ao Nepal. Por favor, lembrem-se da energia, criatividade e fome de conhecimento da juventude e façam alguma coisa para ajudar essas crianças. Procurem despertar o interesse de seus amigos! Todos nós queremos fazer alguma coisa na vida. Aqui está uma oportunidade para fazer algo que pode parecer pequeno para vocês, mas que terá um grande impacto na vida das crianças a quem a pobreza e o isolamento têm negado uma boa educação. A pior opção é não fazer nada.

Antecipadamente agradeço.

Calorosas saudações de Katmandu,
John

FIQUEI TRISTE POR TER DE IR EMBORA. O país havia conquistado meu coração. Consolei-me com a idéia de que ia voltar com um carregamento de livros. Ao pagar a conta, conversei com o dono da pousada e seus dois amigos. Comentei que havia gostado de nossas conversas durante os últimos três dias.

– Vejo vocês no ano que vem.

Tiluk, no auge de seus vinte e poucos anos, com um cabelo muito preto e um eterno sorriso, perguntou como eu ia para o aeroporto.

– De táxi.

– Oh, não! Vou levá-lo na minha moto.

Saímos costurando pelas ruas caóticas de Katmandu. Tiluk ia se esquivando dos ônibus soltando fumaça de óleo diesel, das vacas e dos carros que estivessem no caminho.

Em 15 minutos chegamos ao aeroporto. Saltei da moto e joguei a pesada mochila nas costas. Tiluk apertou minha mão.

– Adeus, Sr. John, venha mesmo nos visitar no ano que vem.

– Espere, espere, quero lhe dar algum dinheiro pela corrida!

Remexi freneticamente nos bolsos à procura de algum dinheiro.

Ele balançou a cabeça e sacudiu a mão com a palma virada para baixo.

– Não tem de me pagar nada. É meu amigo.

Antes que eu pudesse dizer uma palavra de protesto, ele acenou dando adeus e disparou para o tráfego.

Esta foi minha última impressão positiva do Nepal: a tranqüila dignidade de um povo que é pobre, mas que dá mais valor à amizade que ao dinheiro. Eu sabia que jamais conseguiria retribuir toda a gentileza que tinham me demonstrado.

CAPÍTULO 3

VOCÊ PRECISA VIR PARA CASA RÁPIDO!

De volta à Austrália, logo retomei meu ritmo febril. Forças poderosas imediatamente trocaram meu foco – das bibliotecas do Himalaia para o mundo competitivo da tecnologia. A Microsoft estava se preparando para uma batalha feroz com a IBM para conquistar o negócio de comércio eletrônico da Coles Myer, o maior varejista da Austrália. Pode-se dizer que a CML é o Wal-Mart da Austrália, embora a parcela de mercado que ela ocupa ali seja maior em termos proporcionais do que a de sua colega americana.

Durante o ano de 1998, a IBM gastou bilhões de dólares promovendo suas soluções para o setor de e-business. Corríamos o risco de sermos vistos como "ultrapassados" no que se refere à internet. Mesmo na normalmente ultraconfiante Microsoft havia a sensação de que perderíamos aquela disputa. A menos que eu impedisse, é claro. Disse a Anthony Joseph, o vendedor responsável pela conta, que ele podia contar comigo para ajudar a conquistar o negócio.

– Não pretendo oferecer apenas uma solução tecnológica para a CML, e sim um plano completo de negócios, no qual a tecnologia da Microsoft é apenas um dos itens. Isso nos ajudará a colocar a IBM num beco sem saída. Enquanto eles tentam explicar por que seus servidores são melhores que os nossos, vamos abordar o cliente num nível estratégico. É simples e tem tudo para dar certo.

Eu disse a Anthony que aquela era uma grande estratégia, mas argumentei que elaborar um plano empresarial para um negócio multibilionário na internet está longe de ser uma tarefa simples. Mas, como na Microsoft tudo é possível, lá estava eu, uma semana depois de meu retorno do Nepal, mergulhado de cabeça no estudo do mercado de comércio eletrônico. Sabia que conquistar a conta de uma das maiores redes de varejo do mundo era o melhor modo de divulgar nossa competência em e-business.

Certa noite, meus estudos de comércio eletrônico foram interrompidos por um e-mail de meu pai. Quando meu pai e minha mãe concordaram em ser o centro de coleta nos Estados Unidos para minha campanha de doação de livros, meu pai perguntou quantos livros eu achava que eles iam receber.

– Não sei, provavelmente uns 100 ou 200.

> Assunto: Você precisa dar uma chegada rápida aqui em casa!
> Caro John,
>
> Estou escrevendo para convidá-lo a vir nos fazer uma visita no Colorado. Sua campanha de doação de livros teve um êxito muito maior do que podíamos imaginar. O cara do serviço de encomendas vem aqui pelo menos duas vezes por dia. Tirei um dos meus carros da garagem para abrir espaço para os livros. Acho que temos cerca de 3.000 exemplares aqui, mas perdemos a conta.
>
> Preciso de sua ajuda para classificá-los. Não sei o que as escolas do Nepal estão querendo, e também precisamos encontrar um meio de despachar os livros. Por favor, entre em contato – sua mãe diz que vai fazer uma lasanha porque você vai precisar de energia para separar e embalar todos esses livros!
>
> Com amor,
> Pai/Woody

EM 1998, O USO DA INTERNET E DO E-MAIL estava se popularizando, mas ainda não tinha a força avassaladora que tem hoje. O sucesso da campanha de doação de livros foi uma primeira manifestação do poder dessa rede. Várias pessoas me enviaram perguntas e, à medida que eu ia puxando os textos no computador, percebia que alguns dos destinatários iniciais do meu e-mail de Katmandu o haviam encaminhado a 50 outros amigos, que, por sua vez, o haviam repassado para mais algumas dezenas de amigos. Dois anos mais tarde, ainda recebia e-mails de pessoas que tinham lido meu pedido original. Em algum lugar do ciberespaço, minha solicitação ainda estava circulando.

SEIS SEMANAS DEPOIS, VIAJEI 25 HORAS ATé O Colorado levando debaixo do braço um calhamaço de relatórios da ONU sobre a educação no mundo em desenvolvimento. Enquanto voava de Sydney a Los Angeles com todos os confortos modernos, tipo filmes, drinques e refeições quentes mesmo a 11.000m de altitude, eu lia sobre a triste realidade de muitas crianças no mundo. Era uma leitura absorvente, mas deprimente.

O que mais me impressionou foi a estimativa da ONU de que existem 850 milhões de analfabetos. Tive de ler a cifra três vezes para me convencer de que não era grande demais para ser verdadeira. A população mundial era de aproximadamente 6 bilhões de pessoas, o que significa que uma entre sete pessoas não possuía a capacidade de ler ou escrever uma simples frase.

Dos 850 milhões de analfabetos, a ONU estimava que 2/3 fossem mulheres, o que gerava um terrível efeito colateral, já que as crianças costumam ser criadas pelas mulheres. Se a mãe é educada, aumenta a probabilidade de que a educação seja passada à geração seguinte. Eu percebia isso pela minha própria experiência, já que tanto minha mãe quanto minha avó tinham o hábito de ler para mim desde muito cedo. Um número demasiado grande de crianças no mundo em desenvolvimento começa a vida em desvantagem porque suas mães não receberam educação básica.

Aquele relatório não conseguira me deprimir, mas o seguinte, que revelava que mais de 100 milhões de crianças até nove anos não estavam matriculadas na escola, conseguiu. Eu estava frustrado. Essas crianças não teriam uma segunda chance. Alguém devia fazer alguma coisa.

Mao Tsé-Tung disse certa vez que uma única morte é uma tragédia, mas um milhão de mortes é uma estatística. Agora compreendo o que ele quis dizer. A deprimente ladainha das estatísticas me forçou a questionar meu projeto. Ajudar um pequeno número de bibliotecas nepalesas não representaria mais que uma gota d'água no oceano do analfabetismo. O relatório da ONU mostrava que só a doação de livros não resolveria o problema. O mundo em desenvolvimento precisava desesperadamente de escolas primárias e de meios eficientes para aumentar a presença feminina nas salas de aula.

Quando faltavam três horas para aterrissarmos no aeroporto de Los Angeles, puxei a persiana da janela para relaxar e parar um pouco de pensar num problema que parecia muito maior do que eu podia enfrentar sozinho. No vôo de conexão para o Colorado, minha mente passou a se concentrar na solução.

Um amigo tinha respondido ao meu pedido de livros enviando US$ 100 juntamente com o recorte de uma reportagem do *International Herald Tribune.* O artigo abordava o sistema da Biblioteca Pública de Queens, a mais movimentada dos Estados Unidos.

Havia o perfil de uma imigrante recém-chegada de Taiwan, Pin-Pin Lin, que levava os dois filhos à biblioteca duas vezes por semana. Ela afirmava que eles liam mais em inglês que em chinês e que pegavam até 20 livros em cada visita, o que era um bom presságio para sua assimilação e seu sucesso na América.

Pensei nas minhas idas à biblioteca durante a infância e em como meus pais ficavam entusiasmados acerca das possibilidades inerentes à leitura. O artigo continuava: "O extraordinário caso de amor entre imigrantes e bibliotecas é uma história centenária em Nova York... As bibliotecas mais concorridas sempre estiveram nas áreas de maior população de imigrantes recentes."

Foi esse o legado do magnata do aço Andrew Carnegie. Ele usara sua riqueza para instalar mais de 2.000 bibliotecas públicas de uma ponta a outra dos Estados Unidos.

Quase 90 anos após sua morte, sua iniciativa continuava a render dividendos. Poderíamos fazer o mesmo pelo povo do Nepal? E quanto a outros países no mundo em desenvolvimento?

Eu não possuía a riqueza de Carnegie, mas era jovem e cheio de energia. No Colorado, uma amostra de uma primeira parcela desse sonho me aguardava. Apesar de prevenido, não deixei de ficar espantado com a enorme quantidade de livros empilhados na garagem da casa de meus pais. Alguns traziam bilhetes escritos à mão que meu pai guardara em ordem cronológica num fichário.

Caro John,

Recebi seu pedido de livros de nosso amigo comum Gail Darcy. Quero lhe agradecer por estar fazendo isso. Em 1995, tive o prazer de passar um mês excursionando pelo Nepal. Fiquei entristecida com a pobreza avassaladora e quis fazer algo para ajudar o povo. Mas não sabia por onde começar. Então sua mensagem chegou. Mobilizei todos os meus colegas aqui em Scholastic e limpamos nossas prateleiras e nossos armários. Estamos realmente felizes sabendo que estes livros terão um bom destino.

Obrigado por me dar um meio de finalmente atingir meu objetivo. Me informe se eu puder ajudar a pagar a remessa destes livros para o Nepal.

Namaste,
Ellen

Outra amiga de um amigo escreveu para dizer que não conseguia imaginar um mundo sem livros. Ela havia mandado algumas dezenas de livros do Dr. Seuss, juntamente com dinheiro para ajudar a pagar a remessa. Uma terceira mensagem veio de uma mãe falando sobre como o e-mail abrira seus olhos para o problema e a deixara ainda mais agradecida pelo fato de a vida dos filhos estar cheia de livros.

Passamos dois dias classificando as doações. O primeiro passo foi separar o joio do trigo. Felizmente, mais de 95% dos livros eram utilizáveis. De vez em quando, no entanto, ríamos um pouco ao encontrar um ou outro título totalmente inadequado ou em mau estado de conservação. O meu favorito foi *Como os computadores funcionam,* de 1973.

Nosso próximo passo foi embalá-los com cuidado para que pudessem sobreviver à jornada de 13.000km até o Nepal. Essa tarefa serviu para nos lembrar que ainda não tínhamos um plano para transportar os livros até à escola de Bahundanda, que ficava a dois dias de caminhada da estrada mais próxima. Escrever simplesmente o endereço nas caixas e enfiá-las no correio não ia fazer a mágica. Fiquei furioso comigo mesmo por não ter pensado mais detalhadamente na logística.

NO JANTAR DAQUELA NOITE, MEU PAI APRESENTOU uma solução. Ele acessara a internet e entrara em contato com o Lions Club de Katmandu. Propôs que pedíssemos auxílio ao clube nepalês. Fiquei meio em dúvida se eles iam querer trabalhar conosco. Meu pai ignorou minha hesitação e enviou um e-mail descrevendo o projeto. Na manhã seguinte, já tínhamos uma resposta de Katmandu.

Caro Lion Woody,

Recebemos hoje sua consulta sobre o envio de livros para o Nepal. Apreciamos sua disposição de ajudar nosso país. O Lions Club de Katmandu Central tem dois objetivos: combater a cegueira e cuidar da educação infantil. Ficaríamos felizes em colaborar com seu projeto. Quando estiver pronto para mandar os livros, por favor, me informe. Eu lhe darei instruções. Um de nossos companheiros do Lions trabalha no governo e pode garantir que os livros passem pela alfândega sem qualquer protelação ou pagamento de taxas.

Como você tem muitos livros, eu pediria respeitosamente que considerasse a possibilidade de doá-los para várias escolas. Toda a rede tem carências e acredito que seria valioso ajudar cinco ou dez escolas em vez de apenas uma. A decisão deve ser sua, mas quis contribuir com o que espero que seja uma sugestão útil.

Com meus agradecimentos do Nepal,
Lion Dinesh Shrestha

Meu pai era gentil o bastante para não fazer o jogo do "Eu não disse?". Em vez disso, ele se serviu de uma xícara de café e sentou-se à mesa para o café da manhã. Disse que não tinha parado de pensar no projeto e que queria ir comigo ao Nepal. Estava empolgado com a idéia de ajudar a entregar os livros em Bahundanda e outras escolas no Himalaia. Tentei demovê-lo explicando como era difícil viajar no Nepal – as condições sanitárias eram precárias, as camas desconfortáveis, os quartos tinham paredes que deixavam passar correntes de ar, as refeições eram simples, sem carne, e não havia TV. Meu pai comentou que não sabia que tinha um filho tão condescendente, depois me lembrou que havia sobrevivido à Grande Depressão e à Segunda Guerra Mundial.

Havia outras preocupações que não externei. Como não tínhamos uma relação próxima, a perspectiva de ficar duas semanas viajando sozinho com ele me deixou ansioso. Será que encontraríamos o que falar um com o outro? Ele vira o mundo do convés de um navio de cruzeiro, não em botas de trilha e com uma mochila nas costas. Sabia que era resistente, mas ainda assim tinha 73 anos. Será que excursionar pelo Himalaia não era um desafio para um homem mais novo?

Procurei me esquivar.

– Vou pensar, pai. Não sei muito bem quando vou voltar lá. Acho que devíamos esperar um pouco para decidir.

TRÊS DIAS DEPOIS, EU ESTAVA DE VOLTA A SYDNEY. Na reta final do projeto de e-business, eu preparava os argumentos de venda da Microsoft na competição com a IBM. Certa noite, quando estava montando a última série de slides, chegou um e-mail de meu pai:

> Caro John,
>
> Queria informá-lo de que hoje despachei 37 caixas de livros para o Nepal. O peso total foi de 438kg [Ninguém como ele para os detalhes!]. O custo total foi de US$ 685, então, por favor, me mande um cheque quando tiver um tempinho.
>
> Você deve estar muito orgulhoso deste projeto. Vai ajudar muitas crianças a terem uma oportunidade de ler.
>
> Com amor, Pai.
>
> P. S.: Pode, por favor, me explicar de novo por que não posso ir com você ao Nepal?

Uma longa pausa, seguida por outra leitura da mensagem, e lágrimas começaram a correr. A pergunta espirituosa havia me doído. Por que eu resistia à idéia de levá-lo na viagem, tendo em vista todo o trabalho que ele dedicara ao projeto? Só havia pensado em mim mesmo. Tive a ilusão de que seria melhor pensar numa "viagem leve", sem ter de assumir a responsabilidade por alguém que não tinha experiência de fatigantes jornadas num lugar como o Nepal.

Cliquei de imediato no "Responder". Informei-o de que estava enviando um cheque de US$ 3.685. Ele podia reservar os US$ 3.000 adicionais para comprar uma passagem na classe executiva para Katmandu. "Vamos precisar esperar alguns meses para que os livros cheguem. Iremos logo em seguida. Lá é inverno agora, e tenho uma agenda lotada de trabalho, portanto vamos planejar nossa ida para março ou abril."

Desliguei o micro e peguei meu diário. Sentado no sofá da sala de estar, contemplando as luzes da ponte de Sydney, senti-me realmente feliz por meu pai ter insistido. A campanha de doação fora um projeto pai-filho. Ele merecia viver a experiência de pôr os livros nas mãos dos estudantes. E ainda por cima íamos desfrutar a sensação de viajarmos juntos para aldeias perdidas nas montanhas. Bahundanda acenava para nós.

CAPÍTULO 4

A AVENTURA DE WOODY E JOHN

ESTANDARTES COM ORAÇÕES TREMULAVAM com a brisa, contrastando com os elevados picos cobertos de neve do Himalaia. Os budistas crêem que as preces podem ser respondidas se forem escritas em bandeirolas colocadas ao ar livre. Quando o vento passa por elas, as preces são transportadas para o céu.

Naquela manhã em particular os ventos tornavam o tráfego das preces bastante pesado. Puxei mais as abas de meu gorro de esquiador e inspirei profundamente. O cheiro dos cedros se misturava à fumaça do fogo onde o chá estava sendo preparado. O regresso àquela terra, quase um ano após a promessa feita aos professores de Bahundanda, me dava uma sensação de serenidade – um bem-vindo antídoto para a vida que eu estava levando na ruidosa e poluída Pequim.

Sim, eu havia sido transferido para a filial chinesa da Microsoft, no cargo de diretor de pesquisa e desenvolvimento. Como tínhamos ganhado o negócio da Coles Myer da IBM, parte da minha nova e ampliada função seria ajudar a fazer florescer a área de e-business na China, em Hong Kong e em Taiwan. Eu estava empolgado com a tarefa e com o potencial desses mercados, conhecidos como os mais dinâmicos do planeta. Mas a vida em Pequim já estava me causando alguns problemas.

O atleta que havia em mim sofria numa cidade extremamente fria e poluída. A falta de espaços públicos para correr ou pedalar contrastava violentamente com minha vida anterior em Sydney e Seattle. Meu peso havia aumentado cinco quilos em apenas dois meses, e eu não parava de tossir.

A manhã no Nepal parecia estimulante, saudável e pacífica. Meu pai estava comigo. Enchi nossas xícaras de chá com leite enquanto comíamos omeletes de queijo e saudávamos o dia. Jamais imaginara viajar com ele para um lugar tão remoto. Os acontecimentos, no entanto, tinham conspirado para deixá-lo tão entusiasmado quanto eu pelo projeto das bibliotecas escolares. Sentíamo-nos realizados com o fato de que em breve cada aluno de Bahundanda teria acesso aos livros.

Perguntei se ele havia imaginado que nossa campanha pudesse ser tão bem-sucedida, a ponto de sermos obrigados a contratar uma tropa de oito burros para carregar os livros. Os animais estavam presos, pastando, na área ao lado de nossa pequena pousada. O "tropeiro" amarrou duas caixas de livros no lombo de cada animal, e logo entramos na trilha. Os sinos pendurados no pescoço dos animais retiniam em coro.

Seguíamos em sentido contrário à corrente do rio Marsyendi, com suas águas rápidas e geladas, cruzando-o diversas vezes por pontes precárias. Sem que soubéssemos, estavam preparando uma calorosa recepção para nossa chegada daí a algumas horas.

O SOL JÁ SE PUNHA ENQUANTO FAZÍAMOS UMA SÉRIE de íngremes ziguezagues. Suando copiosamente, parei em um riacho. Estava tão à frente da tropa de burros que nem podia ouvir os sinos. Depois de lavar o rosto, ergui os olhos e vi um nepalês se juntando a mim para tomar um gole das águas geladas. Usava um boné de beisebol e, com um sorriso largo, me dirigiu um caloroso *namaste*. Eu respondi *kasto cha*, correspondente em nepali a "Como vai?". A resposta dele veio numa rápida torrente de um inglês rudimentar.

– Hoje estou muito feliz. É um dia muito importante para nossa aldeia. Um homem vai chegar aqui com livros para nossa escola. Não sabemos quantos livros e não sabemos de onde ele vem. Acho que é holandês... foi o que ouvi dizer. Nossos alunos estão esperando, e estou indo agora para lá, para saudar sua chegada.

Um calafrio percorreu meu corpo. Será que nosso pequeno projeto de livros tinha um significado assim tão grande para a comunidade? Estendi a mão.

– Meu nome é John. Sou dos Estados Unidos. Este é o Woody. Os livros estão bem atrás de nós. Pode nos levar até a escola? – Sushil, este era seu nome, disse que ficaria feliz em ser nosso guia.

Woody e Sushil conversavam. Fui ficando vários passos para trás, concentrado em meus pensamentos. A próxima hora seria o ponto culminante de um ano de planejamento. Quem éramos nós para aparecer naquela aldeia remota com um punhado de livros usados? Viemos de tão longe. Estariam as crianças tão animadas quanto tínhamos imaginado? Havia muitas razões para ficar otimista; uma delas, o entusiasmo de Sushil.

À MEDIDA QUE NOS APROXIMáVAMOS DA ESCOLA, uma algazarra podia ser ouvida. Nosso passo se acelerou. As crianças corriam pelo pátio empoeirado, e os professores gritavam saudações. O diretor se aproximou e me deu um forte abraço. Eles tinham formado um corredor humano para nos receber. Juntei minhas mãos, fiz uma reverência e disse *namaste* para a primeira criança, uma menina de cinco anos. Seu cabelo era muito negro, e o sorriso, branco como marfim. Ela pendurou uma guirlanda de cravos no meu pescoço. Avançávamos devagar, pois muitas outras meninas competiam pela vez de pendurar suas guirlandas. Era preciso desfrutar cada oferenda.

Fomos conduzidos até uma tribuna improvisada. Os professores estavam esperando para nos cumprimentar. Reconheci os rostos que tinha visto no ano anterior. Apertamos as mãos e trocamos *namastes*. As crianças ficaram em silêncio, e o diretor fez uma breve comunicação:

– Este é um dia muito importante para nossa escola e nossa aldeia. Temos agora uma biblioteca cheia de livros. Neles, vocês vão encontrar os mistérios do mundo, e isso, com certeza, vai trazer um futuro melhor para suas famílias e para nosso país. Queremos agradecer ao Sr. John e ao seu pai, Sr. Woody, por nos oferecerem um presente tão precioso, e prometemos que sempre cuidaremos bem dos livros.

Fiz uma anotação mental para não esquecer de pedir-lhe que não deixasse aqueles livros trancados e me perguntei se devíamos ou não dizer que voltaríamos todo ano com novos livros para substituir os que tivessem sido danificados. Não deu tempo para mais nada. Enquanto descarregávamos os livros, as crianças se precipitaram em nossa direção, estendendo avidamente os braços para o novo tesouro. Nesse primeiro encontro com livros infantis tão coloridos, elas arregalavam os olhos ao ver as imagens de girafas e de hipopótamos, ou os anéis de Saturno. Uma menina ficou paralisada de medo quando se deparou com os dentes de um grande tubarão branco.

Enquanto observávamos, um professor se juntou a nós. Pôs minha mão na dele.

– Você deu tanto a nossas crianças. Temos tão pouco a oferecer em troca.

Senti um bolo na garganta. Era difícil encontrar as palavras. Lutei para explicar que a escola enchera meu coração de um sentimento que eu jamais experimentara antes – eu mudara alguma coisa no mundo, ou pelo menos numa parte mínima dele. Para aquelas crianças, agora havia um pouquinho mais de oportunidade do que na véspera. Tudo acontecera graças a um simples pedido feito um ano atrás: "Talvez um dia o senhor volte com livros." Os verdadeiros heróis naquela história eram os amigos ao redor do mundo que tinham nos ajudado a não aparecer de mãos vazias na frente daquelas pessoas.

NA VOLTA, DESCEMOS A MONTANHA EM passo acelerado. Na pousada, paguei ao tropeiro e dei-lhe uma generosa gratificação. Ele partiu feliz. Sentei com meu pai à mesa da pousada e ofereci uma cerveja para comemorarmos. O sol estava quente, mas uma brisa vinda do rio proporcionava algum alívio.

Pelo menos naquele dia meus medos sobre a falta de comunicação pai-filho eram irrelevantes. O dia fornecera muitos tópicos de conversa. Enquanto eu servia nossas cervejas em copos empoeirados, comecei a crivá-lo com meus pensamentos. Expliquei que tinha adorado a experiência de entregar os livros, mas que muitas questões ainda estavam em aberto, sendo a principal delas "O que mais seria possível fazer?". Ele perguntou o que eu achava.

– Bem, estive pesquisando um pouco antes de voarmos para cá e li que o Nepal tem 23.000 aldeias. Eu me pergunto quantas dessas comunidades enfrentam um problema semelhante ao de Bahundanda, onde o índice de analfabetismo gira em torno de 70%. Obviamente, não se trata de um problema isolado. Sei que o Vietnã e o Camboja também enfrentam dificuldades semelhantes. Gostaria que esse projeto não se limitasse a algumas aldeias do Nepal.

Assim que o sol começou a se esconder, entrei para apanhar nossos casacos. Eu não queria que a conversa acabasse. Perguntei se Woody se lembrava de como a biblioteca fora importante para mim durante minha infância.

– Sim, me lembro muito bem. Não podíamos comprar todos os livros que você queria. O dinheiro era curto. Na biblioteca, você estava sempre tentando retirar mais livros do que o máximo permitido.

Ele sorriu com a lembrança. Era evidente que estava orgulhoso de mim. Fiquei surpreso que tivesse uma recordação assim tão nítida de minha infância. Meu pai sempre trabalhou muito e era um tipo calado, mas isso não significa que fosse insensível. Brindei silenciosamente àquela nova era na comunicação pai-filho.

– Pai, pense em todas as aldeias do mundo onde as crianças não têm essa opção. É como se houvesse uma "loteria da vida". As crianças são arbitrariamente condenadas a ser vencedoras ou perdedoras, dependendo do local de seu nascimento. Se nasce em Chicago, a criança será uma vencedora. Se vem ao mundo em Bogotá, se tornará uma perdedora. É arbitrário, não é justo. Acho que está ao nosso alcance fazer alguma coisa com relação a isso.

– É verdade. Mas isso exigiria muito tempo e esforço. E o que me diz de seu novo cargo na Microsoft? Você não vai receber uma visita de Bill Gates no mês que vem?

– Oh, sim, claro, eu esqueci. A tal da vida real.

No Himalaia, a pessoa pode esquecer a realidade.

O choque da realidade, contudo, não diminuiu meu entusiasmo. Fui para a cama naquela noite pensando nas futuras viagens para entregar livros às escolas do Nepal. Era mais do que um trabalho importante. Era uma afirmação de vida. Não podia haver desculpas. Eu trabalharia noites e fins de semana naquele projeto. Prometi a mim mesmo que, da próxima vez, seria necessário contratar um número ainda maior de burros.

CAPÍTULO 5

PENSANDO EM UMA MUDANÇA RADICAL

NA MANHã SEGUINTE, ACORDEI COM OS GALOS saudando o amanhecer. Minha cabeça estava cheia de idéias sobre uma mudança de prioridades. Enquanto Woody tomava chá e lia um livro, dei uma caminhada pelos arredores na esperança de clarear os pensamentos. Encontrei um grupo de monges usando mantos cor de açafrão. Seguiam em fila na direção do monastério para a prece da manhã. Tive vontade de ir atrás deles para ouvir o cântico e, quem sabe, meditar sobre a vida. Mas eu não sabia se era permitido entrar no templo.

Como que respondendo à minha dúvida, um velho monge se aproximou e me estendeu as mãos marcadas pelo tempo. Seus olhos, profundos e acolhedores, encararam os meus com uma expressão penetrante e pacífica que me deixou à vontade. Fez sinal para que eu entrasse com ele e me ofereceu um pequeno tapete de pêlo de iaque para me proteger do chão frio de pedra. Depois fez sinal para um menino-monge com cerca de oito anos, cuja tarefa era servir o chá de um enorme pote.

O pequeno monge me passou a tigela de metal cheia de um fumegante chá de manteiga de iaque. Minhas mãos, duras do frio, agarraram a tigela em ávida celebração. Abanei a cabeça agradecendo. Os dois me deixaram sozinho e foram se juntar aos outros para as orações.

O chá removeu a sensação de frio. Duvido que a Starbucks chegue algum dia a incluir o *chá de manteiga de iaque* em seu cardápio, mas o líquido salgado e amargo pareceu bastante saboroso naquele momento. À medida que o vapor aquecia meu rosto, fui me sentindo agasalhado pela hospitalidade dos monges.

Um sino tocou, seguido por alguns segundos de silêncio. Depois vieram os cânticos baixos, graves. Centenas de velas tremeluziam no escuro. Tentei esvaziar minha mente de todos os pensamentos. Mas não consegui deter a enxurrada de imagens e idéias; meu espírito ocidental não budista tinha outros planos. Em vez de paz interior, senti um baita tumulto interior. Estava dividido entre duas forças, ambas poderosas, mas diametralmente opostas.

De um lado havia a Microsoft e minha recente promoção – realidade que bateria à minha porta no dia seguinte. Do lado oposto se agitava uma série de pensamentos cuja ordem de prioridade mudava a todo instante desde minha chegada ao Nepal. Para que saber quantas cópias do Windows foram vendidas naquele mês em Taiwan quando milhões de crianças não tinham sequer acesso a livros? Como eu podia me sentir motivado para conquistar novos clientes de e-business em Hong Kong ou combater a pirataria na China quando sete entre dez crianças nepalesas se defrontavam com a possibilidade de serem analfabetas até o final da vida?

Será que meu trabalho realmente importava? Mais um ano de sucesso nos negócios ajudaria uma empresa rica a ficar mais rica e, é claro, acrescentaria mais recheio a uma conta bancária que já excedia todas as expectativas que eu julgara possíveis para os meus 35 anos. Não havia por que me queixar da vida na Microsoft. Eu tinha uma posição bem remunerada numa empresa em rápido crescimento, carro com motorista, opções de participação acionária e carta branca para viajar pelo mundo com todas as despesas pagas.

Durante anos, tivera imenso orgulho de trabalhar para a *desbravadora* empresa de criação de tecnologia. Agora todas as minhas crenças estavam sendo desafiadas. Minha voz interior resmungava: "Olhe, você deve admitir para si mesmo que a Microsoft vai sentir sua falta por um mês ou dois. Logo alguém vai preencher o vazio. Será como se você jamais tivesse trabalhado lá. Em contrapartida, não tem ninguém fazendo fila para ajudar aldeias pobres a construir escolas e bibliotecas. *Esse* trabalho não está sendo feito. Você devia encarar o desafio."

Tudo à minha volta ficara em silêncio novamente; os monges tinham acabado. Consultando o relógio, vi que se passara meia hora. O velho monge retornou, me deu a mão e caminhou comigo para o sol. Picos brancos e árvores de um verde profundo encheram meu campo de visão. As bandeirolas de orações sendo chicoteadas pelo vento revigoraram meu espírito. Foi como se minha mente tivesse clareado. Eu estava chegando mais perto de uma decisão.

Ao que tudo indicava, eu estava disposto a abrir mão da segurança de uma carreira numa grande empresa. Eu podia me realizar ali no Nepal. Ri para mim mesmo: "Oh, não, vai soar como um terrível clichê: um cara do Ocidente entra em um monastério e muda o curso de sua vida. Os budistas não chamam isso de epifania? Ou será que esse termo é católico?"

Apesar dos meus medos, parecia a coisa certa a fazer. Sentia que seria mais feliz, mesmo se eu ainda não soubesse como iria sobreviver financeiramente na pele de um ultra-idealista globalizado. Contudo, teria ainda que anunciar minha decisão e estar preparado para os que iam tentar me convencer a abandonar a idéia. O mundo está cheio de pessoas que têm aversão ao risco. E eu sabia que elas não hesitariam em externar a opinião de que eu deveria permanecer no caminho conhecido. Será que eu continuaria tão seguro depois de ser novamente transplantado para o mundo real?

DOIS DIAS APÓS A VISITA AO MONASTÉRIO, eu estava num estado de espírito ligeiramente ansioso. No aeroporto de Katmandu, olhava fixamente para o jato da Thai Airways que me levaria a Bangkok, depois a Pequim. Temia o que estava prestes a enfrentar.

Toda a minha vida eu agi de acordo com as expectativas da sociedade. Seguira uma trajetória previsível, dominada por dois títulos universitários e 13 anos de trabalho executivo em uma grande corporação. Minha identidade era definida pela minha carreira, mas eu estava prestes a desafiar o status quo – planejava uma mudança radical, um grande salto para o desconhecido: do executivo bem-sucedido para o cara desempregado montando bibliotecas no Himalaia. Rezei para não voltar atrás e segui o meu instinto.

CAPÍTULO 6

SOZINHO EM UMA CIDADE DE 10 MILHÕES DE ESTRANHOS

Dois grandes fatores de medo se apresentavam em meu futuro imediato – Sophie e Michael, a namorada com quem eu morava e meu chefe. Passei a maior parte do vôo de quatro horas até Pequim pensando neles. Precisaria de uma grande dose de coragem para dizer aos dois que minha vida estava prestes a mudar de forma surpreendente. Eu me sentia mais ou menos como o leão covarde do filme *O mágico de Oz.*

Eu e Sophie tínhamos passado o último ano juntos. No início, parecíamos estar em rota direta para o casamento – tanto assim que eu concordara em me mudar com ela para Pequim quando sua agência de publicidade lhe pediu para assumir a direção do escritório na China. Eu detestava a idéia de sair de Sydney, mas gostava demais de Sophie.

No início de janeiro de 1999, após três anos e meio de dias ensolarados, disse adeus à minha cidade de adoção. No último dia, joguei tênis com meu amigo Mike e peguei onda em Manly Beach. Cheguei a Pequim a tempo de desfrutar o brutal inverno da cidade.

Foi a primeira vez que tomei uma grande decisão em função de alguém que não fosse eu mesmo. A princípio, tudo pareceu ótimo. Os primeiros meses na China foram incríveis, uma verdadeira aventura. Passeávamos pelos mercados praticando o pouco que sabíamos do mandarim diante de vendedores que se divertiam com nosso esforço, encontramos o restaurante mais apimentado da cidade e mergulhamos nos nossos novos cargos – éramos responsáveis pela conquista do mais promissor mercado do mundo para nossas respectivas empresas.

Ultimamente, no entanto, vínhamos tendo problemas. A diferença de atitude com relação a nossas carreiras era o maior deles. Eu tinha interesses fora da Microsoft, o que incluía viajar para partes remotas do mundo e patrocinar projetos de educação. Sophie resistia à idéia de se desviar de alguma forma de seu trabalho. Ela não me acompanhava mais nas viagens pelo Terceiro Mundo. Preferia relaxar em algum hotel de luxo.

Americana do interior do Kansas, Sophie era loura, tinha olhos azuis e 1,80m de altura. Segundo suas próprias palavras, ela escapara do Meio-Oeste rural e caíra no mundo. Talvez por isso festejasse tanto o glamouroso estilo de vida que tinha conquistado no exterior. Eu me orgulhava dela, mas sua obsessão pela carreira estava definindo a maior parte de nossa existência. Quando nos apaixonamos, passávamos um bom tempo fazendo caminhadas, discutindo sobre grandes livros, lendo e traçando arrojados e exóticos planos de viagem. Nos últimos seis meses, porém, as coisas tinham mudado. À medida que ela ia se concentrando em seu trabalho na China, as paixões que compartilhávamos eram colocadas de lado.

O Natal anterior fora apenas um exemplo. Tínhamos planejado passar duas semanas nas ilhas da Indonésia. Começaríamos pelas praias de Báli e Lombok, com uma semana para relaxar, dormir e desfrutar a companhia um do outro após meses de ponte aérea entre Sydney e Pequim. Na segunda semana faríamos um trekking pelos vulcões da ilha das Flores e encerraríamos as férias com um cruzeiro em um veleiro pelas ilhas Gili. Mergulhar, ler e comer frutos do mar seriam nossas principais preocupações nesses dias.

Eu planejara a viagem em detalhes. Tinha feito reservas de vôos, de hotéis e até do veleiro. Tinha pesquisado pontos de mergulho e estava preparando uma surpresa para Sophie. Como profissão de fé em um futuro compartilhado, comprara um diário e o preenchera com uma longa lista de aventuras que imaginava que íamos desfrutar durante nossa vida a dois.

Na véspera de nossa partida, no entanto, Sophie cancelou a viagem. A Coca-Cola precisava de sua presença numa reunião de planejamento de alto nível, ela explicou. Propus, então, reduzir a viagem de 14 para 10 dias, mas ela deu outra desculpa relacionada ao trabalho. Sua contra-oferta era um banal fim de semana de três dias num resort no Sul da Austrália. Aborrecido e decepcionado, cancelei as reservas na Indonésia. Um triste pensamento percorreu minha mente: quantas profecias do "Diário de nosso Futuro Compartilhado" teriam alguma chance de se tornar realidade?

Agora, três meses mais tarde, minha decisão de sair da Microsoft e de me concentrar em projetos de educação nas comunidades mais pobres do mundo teria sérias repercussões em nosso relacionamento; de fato, poderia até acabar com ele. Quando voltasse a Pequim, eu anunciaria a Sophie que ia passar a maior parte de meu tempo em lugares aonde ela não teria o menor interesse em me acompanhar. Duvidava que nossa união pudesse resistir a tantos períodos de separação.

Como se isso não bastasse, eu estava preocupado com Michael, meu chefe. Ele havia me contratado como seu braço direito dias depois de ficar sabendo que eu e Sophie estávamos planejando nos mudar para Pequim. Eu gostava de Michael e o respeitava. Como companheiros de trabalho, parceiros de bar e adversários na quadra de tênis, nos divertíamos muito. Estava aprendendo muita coisa com ele. Michael era um dos mais inteligentes e eficientes executivos numa companhia de grandes estrelas. Eu me sentia honrado pelo fato de ele depositar tamanha confiança em mim e por isso mesmo estava me sentindo muito mal ao refletir sobre o que significava deixá-lo. Michael havia confiado em mim. Eu não estava cumprindo minha parte no trato.

Por algum tempo, o melhor seria manter em segredo as notícias sobre minha mudança de vida. Bill Gates tinha programado uma ida à China dentro de duas semanas. Era minha responsabilidade garantir que a visita fosse produtiva e corresse com tranqüilidade. Não era o momento de anunciar minha retirada. Durante algumas semanas meus planos ficariam tampados por uma rolha. Assim que Bill fosse embora, eu poderia deixar o gênio sair da garrafa.

A ÁREA DE BAGAGENS DO SATURADO E DILAPIDADO aeroporto de Pequim estava caótica. Uma penetrante fumaça de cigarro flutuava no ar. Todas as normas sobre espaço pessoal tinham sido revogadas. Talvez jamais tivessem existido. No nervosismo de achar sua mala, uma idosa senhora chinesa me tirou da frente com um empurrão. Bem-vindo ao lar.

Tive a atenção atraída pelo tapinha nas costas e pela saudação *ni hao.* Liu Wei, meu motorista, conseguira me encontrar no tumulto da área de bagagens. Usava uma camisa muito azul com mangas de listas vermelhas e brancas e estrelas azuis na gola. Apertei aquela versão chinesa viva de uma grande bandeira americana e passei a ele uma garrafa de uísque do free shop.

– Para mais tarde, quando você chegar em casa.

Era uma noite de primavera especialmente quente. Abri a janela e, combinando inglês e mau mandarim, falei a Liu Wei da viagem. Segundos depois a poluição do lado de fora me irritou a garganta e causou ardência nos olhos. Tornei a fechar a janela. Fui invadido por uma atmosfera de depressão. Para onde tinham ido o ar fresco e as possibilidades do Himalaia?

Ao descer do carro, 20 minutos depois, pedi que Liu Wei me pegasse bem cedo no dia seguinte. Sophie me recebeu com um enorme abraço e muitos beijos. Os olhos azuis brilhavam com uma acolhida que dizia: "Você está em casa." Depois de uma repentina e cômica guinada do braço, ela pôs na minha frente uma garrafa de Cricket Pitch, meu shiraz australiano favorito. O cheiro de *enchiladas* à moda de Sophie, um prato que ela aprendera a fazer quando morava na Cidade do México, pairava no ar. Era comovente que tivesse feito minha comida preferida; a conversa no jantar que tínhamos pela frente seria de embrulhar o estômago.

Desde o momento em que havíamos nos conhecido um ano atrás, na primavera de 1998, num coquetel no meu apartamento de Sydney, tínhamo-nos relacionado aberta e francamente. Não havia quase nada que não compartilhássemos. Embora antigas namoradas tivessem me descrito como um homem desligado, as coisas eram diferentes com Sophie. Eu me sentia extremamente à vontade com ela e lhe contava tudo. Enchendo dois copos do vinho vermelho-vivo, comecei a entretê-la com os detalhes da viagem.

Comecei devagar, descrevendo como fora viajar com meu pai. Falei de nossas visitas às escolas e da sensação de alegria ao ver a reação dos alunos aos livros. Ela me interrompeu para perguntar sobre as condições: "Tinha chuveiro? Água quente?"

– Bem, sim, havia chuveiro, mas a água não era quente. Não havia eletricidade. Nada como um bom banho frio após um dia quente de trilha. – Dei uma risadinha no meu melhor estilo de líder escoteiro. Ela tentou dar um sorriso simpático.

Procurei me lembrar que minha vontade de jogar a mochila nas costas e "pôr o pé no mundo" em desenvolvimento não tinha atração para ela. Éramos ambos "internacionais", mas de maneiras muito diferentes. Sophie tinha uma forte preferência pelo glamour da vida numa grande cidade como Londres, Praga ou Paris.

Isto não tornava nenhum de nós uma pessoa melhor ou pior, apenas nos fazia diferentes. E não posso nem dizer que era uma novidade para mim: ela sempre demonstrara seu gosto por uma vida confortável, principalmente levando em conta a determinação com que ela havia estudado e trabalhado para chegar à posição que chegou. Quantas americanas de 33 anos dominavam o francês, o espanhol, o tcheco e o chinês mandarim?

Ao repetir pela terceira vez como se sentia feliz com o meu retorno, Sophie me trouxe de volta ao nosso mundo. Enquanto ela servia a fumegante *enchilada*, eu ia entrando cuidadosamente no assunto:

– Escute, acho que você precisa saber que talvez eu não fique em casa tanto tempo quanto você espera. Estou pensando em voltar ao Nepal com freqüência.

– Mas, e quanto à Microsoft? Você já tirou umas boas férias nesta última ida ao Nepal. E quero ir ainda este ano com você para um resort numa praia da Tailândia.

Sugeri que, como nossa última viagem fora para um resort luxuoso, talvez pudéssemos ter agora umas férias no Himalaia. Disse que seria muito importante para mim se ela visse o trabalho que estávamos fazendo e nos ajudasse a entregar mais livros. Silêncio. Então vieram palavras que sugaram o oxigênio de dentro de mim:

– John, você pode ir lá quantas vezes quiser, e eu vou estar sempre à sua espera, mas você me conhece... Não quero fazer trilha e não considero que noites passadas num saco de dormir sejam as férias ideais ou algo particularmente romântico. Então, se tiver realmente de voltar ao Nepal, não esqueça de reservar um tempo livre para a praia da Tailândia.

Decidi simplesmente soltar a coisa ali mesmo. Mas, primeiro... um bom gole de vinho.

– Não sei muito bem como dizer isto, mas estou pensando em sair da empresa.

Ela pareceu chocada. Lembrou-me que havíamos acabado de chegar a Pequim, que eu estava crescendo muito na companhia e que talvez um dia assumisse o comando de toda a região da China. Expliquei que isso já não parecia ter tanta importância, alguma coisa havia mudado dentro de mim e eu queria ser leal ao que sentia.

De novo uma fria e dura dose de realidade:

– Mas como vamos viver? A Microsoft paga nosso aluguel, que é absurdamente caro.

– Talvez tenhamos de ter um padrão de vida mais modesto. Talvez eu possa fazer algum trabalho de consultoria, realmente não faço idéia. Ainda não pensei sobre o assunto. O que eu preciso agora é ver as coisas como um desafio, não como razões pelas quais eu não poderia mudar.

Continuamos com nosso jantar, agora um tanto silencioso. Em apenas 10 minutos tínhamos passado de uma reunião íntima e alegre a um silêncio tenso. Eu me perguntei se não haveria nos próximos meses muitos outros desses incômodos impasses.

CAPÍTULO 7

BILL GATES NA CHINA

FELIZMENTE, OS PREPARATIVOS FRENéTICOS para a visita de Bill me proporcionaram distrações imediatas. Chegava cedo no escritório e passava o dia em reuniões. Eu e Michael fazíamos pressão sobre as equipes de vendas para que fechassem alguns negócios antes da visita de Bill. Nossa subsidiária estava trabalhando em ritmo frenético, pois nos últimos seis meses não tínhamos alcançado as metas de vendas.

Agora que eu estava a bordo, pretendia mostrar resultados em rápido crescimento. Liguei para o celular de nosso chefe de vendas, Johnson, para atiçá-lo. Precisávamos de dois ou três grandes negócios. Ele imediatamente me enviou uma cópia do e-mail que mandara para sua equipe: "Sensível à urgência, o vendedor deve ser um lobo. Um lobo nunca espera o resultado."

Expliquei, então, como seria nossa estratégia:

– Nada de timidez nas abordagens de venda. Grandes companhias já estão usando nosso software, só não estão pagando por ele. Vocês deviam dizer a elas que, mais cedo ou mais tarde, o governo vai forçá-las a regularizar a situação. Essa é uma oportunidade de ouro... Nada motiva tanto as pessoas quanto um prazo fatal. Além disso, use a visita de Bill a nosso favor. Ele não voltará à China tão cedo, por isso acene com a possibilidade de arranjar um encontro com ele para quem fechar negócio conosco. Como a imprensa estará presente ao evento, talvez a foto saia nos jornais. Isso pode ajudá-los a decidir.

Pode parecer um estranho incentivo: uma foto por um negócio de seis dígitos. Foi, no entanto, uma oferta realmente atraente para os líderes do Partido Comunista Chinês que presidiam as grandes companhias estatais. Poucas coisas podem despertar tanto o interesse de políticos quanto aparecer nos jornais ao lado de alguém famoso como o presidente chinês Jiang Zemin ou Bill Gates. Era uma oferta delicada, mas eu tinha certeza que daria resultados.

O calendário do Microsoft Outlook interrompeu meus pensamentos, avisando que eu estava atrasado para um encontro com o departamento de Relações Públicas. No dia seguinte teríamos uma entrevista coletiva para anunciar a visita de Bill. Colocaríamos 50 jornalistas a par da agenda do presidente da Microsoft na China.

Minha maior preocupação era inserir a visita de Bill no "contexto chinês". Tanto eu quanto Michael sabíamos que a Microsoft seria tratada mais positivamente pelo governo se fosse considerada "a parte chinesa de uma empresa global".

Graças à minha experiência na direção do marketing na Ásia, a equipe pediu a minha opinião. Nesse período, a filial australiana foi eleita por leitores da *BRW*, a mais influente revista de negócios do país, como a segunda "mais respeitada companhia australiana". A Qantas ficara em primeiro e a cervejaria Foster's em terceiro. Ficamos orgulhosos de termos sido considerados tão "nativos" quanto os aborígines. Queriam saber como obter o mesmo resultado na China. Expliquei que a existência de uma opinião pública abalizada era coisa muito nova na China.

– Tudo aqui é bem diferente. Ainda não compreendo os costumes.

– Não somos assim tão diferentes – contestou Alex, o diretor de marketing.

– São, sim. Partes desse memorando são incompreensíveis para mim, como a idéia de encerrar a entrevista coletiva com uma canção. O que isso quer dizer? Não se ofenda, mas já temos problemas demais de relações públicas sem que eu precise torturar a imprensa com minha voz.

– Você não canta nas entrevistas coletivas dos Estados Unidos? Ou da Austrália?

Para ganhar tempo até chegar à resposta certa, dei uma olhada no memorando: "Para fechar a entrevista coletiva, os diretores da Microsoft cantam uma música... acompanhados pela banda (banda?, será que eu tinha aprovado algum orçamento para uma banda?). A canção deve mostrar o vigor, a vitalidade dos empregados da Microsoft."

Tentei imaginar Jack Welch e os executivos da GE cantarolando uma melodia sobre a valorização das ações da companhia para a imprensa reunida. Segurei meu sorriso e mudei de assunto.

– Precisamos ter certeza de que Bill seja bem assessorado e esteja constantemente citando exemplos do grande trabalho que a Microsoft está fazendo na China. Estamos gastando milhões de dólares em certos projetos, como bolsas de estudo de informática para estudantes, mas ninguém fala nisso. Em cada encontro com o governo, eles nos dizem que precisamos fazer mais para ajudar a China a desenvolver uma indústria de tecnologia. Não estamos conseguindo nenhum crédito com nossos esforços. As companhias chinesas transformaram num cavalo de batalha a idéia de que é mais patriótico comprar software delas do que de um "inimigo estrangeiro". Precisamos garantir que Bill passe a mensagem de que a Microsoft é uma empresa-cidadã.

Assumi a liderança do grupo que redigiria o briefing a ser entregue a Bill e deixei o resto da equipe trabalhando na canção do encerramento.

DUAS SEMANAS MAIS TARDE VOEI PARA SHENZEN, ansioso com a chegada de Bill no dia seguinte. A Microsoft tinha sido alvo de muitas críticas da imprensa chinesa por ter processado uma empresa local por pirataria. Infelizmente para nós, a empresa em questão tinha boas conexões políticas, o que os chineses chamam de *guanxi* (um misto de poder de influência, relações e interesses em comum e ajuda aos amigos), e por isso conseguiu desencadear um feroz contra-ataque na imprensa. Passamos a ser tratados como "a maligna empresa estrangeira que só está aqui para explorar os chineses".

Apesar de temeroso, eu estava fascinado com a perspectiva de um encontro entre o mais bem-sucedido capitalista vivo e o país que é a mais populosa fortaleza comunista. No avião, tomando uma xícara de chá e comendo pãezinhos recheados com carne de porco defumada, fiz um cálculo no verso do envelope para determinar a disparidade entre a riqueza de Bill e os rendimentos de um chinês médio. Usando como parâmetro o preço de uma ação da Microsoft, Bill era naquele dia um homem de US$ 60 bilhões. Em contraste, a renda média anual do cidadão chinês era de US$ 725. A riqueza de Bill era equivalente aos ganhos anuais de 83 milhões de cidadãos chineses.

Em março de 1999 quase ninguém acreditava na velha ortodoxia comunista. O antigo líder Deng Xiaoping costumava dizer que "é ótimo ficar rico". Para comprovar a tese, foram tantos os pedidos de encontros com Bill que nem se tivéssemos um mês de seu tempo atenderíamos à demanda. O nível de entusiasmo do empresariado chinês pelo maior capitalista do mundo era muito revelador. Todos disputavam aos empurrões o privilégio de tirar uma foto com o velho "cão-de-guarda do capitalismo". Apesar de nervoso, estava feliz com a perspectiva de testemunhar um momento de tamanha importância histórica.

Na tentativa de relaxar, mergulhei em um livro que nada tem a ver com tecnologia, a Microsoft ou a China. *The Unfinished Presidency* (A presidência inacabada), de Douglas Brinkley, aborda a jornada de Jimmy Carter depois da Casa Branca. Fui imediatamente fisgado pelo humanitarismo do ex-presidente americano e por seu trabalho com a ONG Habitat para a Humanidade, que constrói e reforma moradias, além de monitorar processos eleitorais em todo o mundo. Era inspirador porque mostrava como qualquer um pode dar uma guinada em sua vida e começar um novo capítulo – e isso vale até mesmo para um homem que havia ocupado o mais poderoso cargo do mundo.

O capítulo que eu estava lendo destaca os esforços empreendidos por Carter no início dos anos 1990, na África e na Ásia, para erradicar o parasita microscópico *guinea worm*, que se propaga através da água contaminada. Uma vez instalado no organismo, ele cresce até atingir um metro de comprimento. Ao contrário do carrapato, que penetra na pele de fora para dentro, o *guinea worm* o faz de dentro *para fora*. Um lavrador pode estar trabalhando no campo e, de repente, sentir se abrir um buraco no pé e de lá sair um verme rechonchudo. Inchaço local e dor intensa são provocados pelas toxinas secretadas pelo verme. Como, em geral, essas pessoas têm pouco acesso à rede de saúde, a ferida logo fica coberta de moscas e pode evoluir para um tétano.

Acabar com o *guinea worm* não era uma tarefa difícil. Bastava que as pessoas filtrassem a água potável. Numa conferência sobre o assunto, Carter fez uma pergunta simples: "Se o parasita é tão fácil de erradicar, por que o problema não foi resolvido?" Informado de que era uma questão de vontade política, ele decidiu usar sua influência. Em conjunto com William Foege, ex-diretor do Centro para Controle de Endemias, convenceu a Organização Mundial de Saúde a classificar o *guinea worm* como "a segunda enfermidade, depois da varíola, a ser erradicada da face da Terra". Sua proposta obteve ótimos resultados: houve um declínio de 97% nos casos em todo o mundo: de 900.000 em 1989, o número caiu para menos de 30.000 em 1995.

Estava tão absorvido pela história que nem percebi que já se tinham iniciado os procedimentos para a aterrissagem. Os solavancos do avião me trouxeram de volta à realidade e aos milhares de detalhes que precisavam ser resolvidos antes da chegada de Bill. Tínhamos planejado cada minuto de seu dia, incluindo dois intervalos de três minutos para que ele pudesse ir ao banheiro. O roteiro era aprovado por sua equipe em Redmond, Washington, com duas semanas de antecedência, mas o grupo local tinha que examinar cada centímetro do hotel em que ele ficaria hospedado. Nossa equipe chegou a cronometrar a caminhada entre o salão de conferências e o restaurante para ver se o percurso demorava dois ou três minutos. Eu encerrei o assunto dizendo:

– Ele é muito agitado, impaciente e tremendamente concentrado no que está fazendo. Podem colocar dois minutos.

O planejamento da viagem de Bill era uma operação de guerra. Sua bagagem, por exemplo, sempre chegava alguns dias antes em cada cidade do roteiro para que as roupas pudessem ser passadas e arrumadas no closet. Detalhe importante: era preciso separar previamente o conjunto correto de gravata, camisa e terno. Tom sobre tom.

Antes do departamento de Relações Públicas da Microsoft estabelecer esses procedimentos, a aparência de Bill deixava muito a desejar em termos de elegância. Às vezes, ele vestia as mesmas roupas amarrotadas usadas no dia anterior, quase sempre apanhadas do chão. A versão oficial divulgada pelos RPs é que ele estava sempre tão preocupado com os grandes temas que simplesmente não prestava atenção a esse tipo de detalhe. Vou deixar a cargo da imaginação do leitor adivinhar o que se falava extra-oficialmente sobre esse comportamento.

Bill vinha de Hong Kong, onde participara de um encontro de CEOs. O plano era que passasse a noite lá e, de manhã cedo, viesse de carro para Shenzen. A viagem de Hong Kong a Shenzen demora cerca de 90 minutos se você é um simples mortal. Contudo, se você é o homem mais rico do mundo, esse tempo pode ser reduzido à metade. Para começar, você não perde tempo no balcão da Hertz ouvindo a lengalenga do funcionário tentando lhe vender um seguro dispendioso. Em vez disso, você simplesmente sai pela porta da frente do hotel e encontra um comboio de veículos à sua espera. Estamos falando de um senhor desfile de limusines, utilitários esportivos, motos e carros de polícia com as sirenes ligadas, as luzes piscando.

O comboio era uma cortesia do governo chinês, que providenciara um "corredor livre" para Bill, com direito a uma pista da rodovia para seu uso exclusivo. Lamentei não ter voado até Hong Kong para me juntar à comitiva. Enquanto Bill estabelecia o novo recorde de travessia de fronteiras do *Guinness Book*, esperávamos nervosos no hotel que sediaria os eventos do dia. O saguão era um mar de repórteres, funcionários do governo e do hotel, curiosos e, claro, a equipe da Microsoft na China.

Bem no horário marcado, a limusine de Bill subiu velozmente a alameda de acesso. Um murmúrio de agitação se elevou entre os 100 participantes de seu comitê de boas-vindas. A porta da limusine se abriu. Todos se calaram. Bill avançou timidamente para o saguão. A multidão aplaudiu. Bill parecia perplexo, como se dissesse: "Tudo o que eu fiz foi dar 10 passos da limusine até o saguão. Essas pessoas estão aplaudindo como se eu tivesse acabado de dar um salto mortal do trampolim mais alto."

Há uns três anos eu não via Bill pessoalmente. A primeira coisa em que reparei foi que o folclore a seu respeito não tinha exagerado. O cabelo era realmente um ninho de ratos. Se você for a um salão de cabeleireiro qualquer, pedir para ser atendido pelo profissional mais inexperiente e, ainda por cima, disser que está morrendo de pressa e que vai dar a gorjeta dependendo da rapidez, não da qualidade, pode ser que consiga algo parecido.

A segunda coisa em que reparei foi que Bill não parecia estar feliz. O pânico se apossou de mim. Afinal, eu era responsável pelo próximo compromisso e não queria ter um CEO desanimado no centro do palco. Mas não havia tempo para pensar em nada daquilo, pois tínhamos de introduzi-lo imediatamente na sala de conferências para o "lançamento" do Microsoft Vênus. Especialmente projetado para a China, o produto ainda estava em fase de projeto, mas sua apresentação era fundamental exatamente para sondar sua receptividade.

Seu público-alvo eram as centenas de milhões de famílias chinesas que tinham ascendido o suficiente na escala social para ter um aparelho de TV, mas ainda não podiam ter um microcomputador com conexão para a internet. Em vez de tentar vender a essas famílias um micro, a idéia era convencê-las a conectar a caixa do Vênus em seus receptores de TV. Isso lhes daria acesso à internet, além de funcionar também como DVD player.

O Vênus é o tipo de produto que faz sentido na teoria. A realidade de levá-lo ao mercado, no entanto, estava provando ser ligeiramente mais difícil. O que estávamos apresentando naquele dia era o que descrevi eufemisticamente a um jornalista como um "protótipo ativo". Ou seja, o dispositivo naquele momento se limitava a uma caixa de metal, dois chips, fita isolante e reza forte.

Não obstante, o saguão estava apinhado como em um concerto de rock. Afinal, estávamos vivendo a bolha da internet e qualquer coisa que unisse as palavras internet, conectividade e China seria recebida com entusiasmo e capital farto e disponível. Tínhamos mais de 1.500 pessoas reunidas subindo nas cadeiras para tentar enxergar melhor – aglomerado que nenhum bombeiro sério permitiria. Enquanto isso, flashes espocavam e fotógrafos trocavam cotoveladas para chegar perto de Bill. Repórteres gritavam perguntas em explosões de mandarim e cantonês. O barulho era ensurdecedor. Sem dúvida, a China já pegara a febre do Vênus.

Depois de ver Bill "lutar" com alguns fotógrafos para alcançar o palco, juntei-me à "barreira humana" que o protegeu dos paparazzi impacientes. Ele pigarreou e anunciou estar feliz em voltar à China. As pessoas então fizeram silêncio para ouvi-lo dizer que a meta de nossa empresa era contribuir para que milhões de chineses tivessem acesso a informações diferenciadas. Explicou por que o Vênus era interessante tanto para os fabricantes, que estavam sendo estimulados a produzi-lo, quanto para os consumidores.

Passamos à demonstração do protótipo do produto. Para dar realismo à demonstração, montamos uma "típica sala de estar chinesa" de modo que as pessoas pudessem ver o Vênus no contexto em que ele seria usado. Nossa turma de designers, no entanto, acabou criando um ambiente mais para hotel de luxo do que para "lar camponês". Cheguei, inclusive, a ficar curioso: quanto teria custado trazer de avião aqueles sofás de design escandinavo?

Apesar de tudo, foi divertido ver Bill caminhar no palco ao lado de nossos dois figurantes chineses em sua "sala de estar". Era como se ele, com sua roupa cáqui, estivesse passeando pela zona rural e decidisse parar para uma rápida demonstração do produto.

Não é preciso dizer que nenhum Vênus foi vendido. O projeto acabou cancelado "por motivos técnicos" menos de um ano depois. No dia de seu lançamento oficial, ninguém poderia imaginar a rapidez com que o produto passaria de "tecnologia do futuro" para a lata de lixo da história.

Mal o evento acabou, Bill foi levado para assinar os contratos que a equipe de Johnson havia conseguido. O dia tinha começado quente.

A PARTE DA VISITA QUE EXIGIU MAIOR empenho de minha parte foi a entrevista para a principal rede de televisão, a China Central Television (CCTV), com Shui Junyi, um dos jornalistas mais famosos do país. Para se ter idéia da importância desse encontro, basta saber que a CCTV tem a força de mercado das redes ABC, NBC e CBS combinadas.

Como a Microsoft vinha sendo alvo de comentários negativos por parte da imprensa, colocamos como altamente prioritário dar a Bill uma chance de falar diretamente ao povo chinês. Os riscos eram altos, mas a oportunidade, imperdível: o mais bem-sucedido capitalista do mundo sendo apresentado ao maior país comunista do mundo pelo mais famoso jornalista do país. Junyi (os chineses põem o sobrenome primeiro) tinha planejado gravar a entrevista no dia da chegada de Bill, mas só a colocaria no ar na semana seguinte.

Minha equipe o descrevia como o apresentador mais conceituado da China, o que só aumentava o meu temor. O que eu sabia acerca da mídia chinesa? Minha reação foi ligar para o meu amigo Dave e chamá-lo para uma happy hour. No bar, fiz sinal para a garçonete, que não parecia ter mais de 16 anos, e pedi um uísque com gelo.

– É uma tremenda oportunidade para a Microsoft deixar uma boa primeira impressão em *pelo menos 100 milhões de espectadores* – eu disse a Dave. – Você conhece o velho ditado: "Não há segunda chance para se deixar uma boa primeira impressão." Pense nisso... É como ter 40% dos americanos assistindo a uma entrevista. É a melhor chance que apareceu, nestes dois meses em que estou trabalhando na China, de deixar uma boa impressão de Bill e da Microsoft. Não posso perdê-la.

Concluí que precisava conhecer o jornalista que faria a entrevista. Junyi trazia no currículo entrevistas exclusivas com Bill

Clinton e Tony Blair. Pelo telefone, convidei-o para tomar um café e conversar sobre como poderíamos trabalhar juntos. Marcamos uma hora no sábado seguinte, pela manhã, no Hotel Intercontinental de Pequim. Cheguei cedo com minha equipe e consegui uma grande mesa no meio do saguão. Era inverno, mas o dia estava incrivelmente ensolarado; o exuberante jardim e a intensa claridade me fizeram lembrar de Báli.

Junyi chegou na hora marcada e caminhou a passos largos e confiantes para a nossa mesa. De calça jeans, botas e jaqueta preta de couro, ele aparentava ter menos que seus 35 anos. No rosto tranqüilo, um sorriso largo ao se apresentar num inglês perfeito. Nossas respectivas comitivas foram devidamente apresentadas.

Parecia norma nos negócios da China levar três vezes mais gente do que o necessário. Em grande parte das reuniões, a maioria dos participantes não falava e sequer tomava notas. Nunca entendi a razão de estarem ali. Nesse caso, os outros 12 participantes da reunião se inclinaram para Junyi e para mim, indicando que devíamos falar para eles ouvirem. Sempre achei prudente deixar que o outro fale antes, por isso comecei perguntando sobre suas expectativas acerca da entrevista.

– Sou muito ligado em tecnologia e acho que a Microsoft, junto com outras companhias, trouxe tecnologia para milhões de pessoas, que podem agora usá-la para serem mais produtivas. Também quero ajudar o povo chinês a entender melhor o que faz de alguém como Bill um grande empresário. Não temos muitos exemplos de empreendedores na China e há milhões de crianças e jovens aqui no nosso país dizendo que querem ser como Bill Gates. A China só vai avançar se conseguir capacitar tecnicamente a população e estimular a criação de novos negócios. Penso que Bill pode ser uma inspiração para meus espectadores.

"Humm... talvez a conversa não seja assim tão difícil", pensei. Estava acostumado a ver a imprensa chinesa tratando a Microsoft como vilã, e lá estava um jornalista que parecia respeitar o nosso líder. Aproveitei o embalo, respirei fundo e arrisquei a pergunta:

– Sr. Shui, compartilho sua opinião. Acho que a Microsoft faz um grande trabalho e estou orgulhoso de ter construído minha carreira trabalhando lá. Porém a mídia chinesa freqüentemente nos retrata como uma companhia americana imperialista que "invadiu" a China. Mas, na realidade, 99% dos empregados da Microsoft na China são chineses de nascimento. Bill tem declarado publicamente que um dia a China será um dos três maiores mercados da Microsoft, juntamente com os Estados Unidos e a Índia. A companhia está investindo US$ 10 milhões em um centro de pesquisas aqui em Pequim. Há somente três lugares onde realizamos pesquisa pura: Seattle, Oxford e Pequim. Vejo isso como o mais evidente sinal de respeito pelo gabarito intelectual dos jovens cientistas de computação da China. Gostaria que conseguíssemos contar essa história... a história da "versão chinesa da Microsoft"... a seus espectadores.

Junyi concordou que esta seria a abordagem correta e começamos a discutir como esses temas poderiam ser abordados. Foi uma conversa produtiva, caracterizada pela franqueza e pela cooperação. Nos demos tão bem que resolvemos marcar outra conversa, dessa vez "cara a cara, sem comitivas, sem anotações".

Duas semanas depois, jantamos no restaurante Louisiana, no Hilton de Pequim. Diante de uma garrafa de cabernet, continuamos a discutir a "versão chinesa da Microsoft", e Junyi teve a gentileza de me colocar a par das perguntas que ia fazer para que eu pudesse garantir que Bill estivesse preparado. Tomamos um conhaque para comemorar, brindando ao sucesso da entrevista, e nos separamos com a entusiasmada promessa de nos encontrarmos de novo em Shenzen.

POUCAS VEZES EU ME SENTIRA TãO à VONTADE e confiante diante de um compromisso de trabalho. Às três da tarde, quando entrei na suíte de Bill para prepará-lo para a entrevista, pensei no provérbio que James Baker III, ex-secretário de Estado americano, disse que lhe fora incutido pelo pai quando era menino: "Bons preparativos, boa festa."

Meu humor rapidamente passou da serenidade para o pânico absoluto. Ficou evidente, nos primeiros 30 segundos de conversa, que Bill não fizera o dever de casa. Ele estava formulando perguntas elementares como qual o nome do repórter e da rede de TV. Sabendo como ele é ocupado, concedi-lhe o benefício da dúvida e comecei a expor alguns fatos cruciais sobre a Microsoft na China, fatos que eu esperava que pudéssemos passar durante a entrevista.

Enquanto eu falava, ele encarava o chão e se balançava para a frente e para trás na cadeira. De repente me senti tremendamente inseguro... Será que estava impaciente? Chateado? Um chefe que não está prestando atenção é o melhor que podemos conseguir para puxar o tapete da nossa autoconfiança. Continuei falando de alguns dos investimentos que eu esperava que fossem comentados durante a entrevista. De novo não obtive reação e o carpete cinza da sala parecia estar despertando mais interesse que minhas idéias para uma entrevista bem-sucedida. Decidi interromper meu relatório e perguntar:

– Está preparado para isto?... Acha que sabe as respostas para as perguntas mais específicas sobre nossos negócios na China?

– Sim, vamos embora – foi sua reação.

Eu tinha conseguido autorização para ficar no estúdio. Mas escolhi ficar atrás do cameraman, fora do campo de visão de Bill e Junyi, o que foi ótimo, pois consegui esconder meu desapontamento. As respostas de Bill nem de longe se aproximaram das que eu sugerira, mas o pior é que tinham pouca relação com a China. Ao ser perguntado sobre quanto dos nossos gastos em pesquisa e desenvolvimento (US$ 2 bilhões) era investido na China, ele abandonou a *resposta sugerida no briefing* e disse simplesmente: "Bem, não posso dar um número exato, mas é grande. Acreditamos que a pesquisa é realmente importante para o futuro da computação."

Fiquei perplexo. O que ele tinha que dizer era o seguinte: "Nosso investimento na China é significativo. Na realidade, a China é um dos três únicos mercados do mundo onde abrimos um centro de pesquisas. Os outros dois centros ficam em Oxford, na Inglaterra, e em Seattle. Estamos desenvolvendo até um teclado especial, ou uma caneta ótica, para tornar mais fácil o uso do alfabeto mandarim. Eu comecei como programador e por isso tenho muito respeito pelos brilhantes cientistas formados pelas universidades chinesas. O trabalho que eles estão fazendo vai afetar o modo como o povo chinês usa computadores nas próximas décadas."

E a coisa só foi piorando com o desenrolar da entrevista. A cada pergunta específica sobre a China, Bill dava uma resposta genérica. No final, Junyi abordou a maneira como a juventude chinesa encarava Bill: "Ao chegar aqui, encontrei uma menina de cinco anos chorando na frente do hotel porque queria conhecê-lo. Disse que você era seu herói, mas que não conseguia passar pela segurança." Em vez de dizer "É um absurdo, eu gostaria muito de lhe dar um alô depois da entrevista", Bill agiu como se a questão não tivesse sido levantada. Perdeu uma oportunidade de ouro para mostrar seu lado humano a 100 milhões de cidadãos chineses.

Depois de uma pausa meio constrangedora, Junyi passou à pergunta seguinte. Fiquei tentado a interromper a entrevista, mas isso abreviaria minha carreira. Limitei-me, então, a pensar por que alguns executivos acham que são espertos demais para dar ouvidos ao resto de sua equipe. Depois de ter conseguido chegar o mais perto de um jornalista que a ética permite, meu conselho foi ignorado. Lembrei-me da tirada do escritor Paul Theroux: "Depois de ganhar muito dinheiro, o homem geralmente vira um mau ouvinte."

Quando a entrevista degringolou, procurei pensar em outras coisas. Dei a Bill o benefício da dúvida – afinal, a empresa tem negócios em mais de 50 países, estávamos crescendo rapidamente e ele tinha muita coisa para acompanhar. A entrevista era muito importante para mim, mas para ele talvez fosse apenas mais uma de uma série que se sucedia à medida que ele cruzava o globo.

Minha mente, no entanto, continuou presa à idéia de que para a Microsoft – companhia pela qual ainda hoje tenho muito respeito – foi uma oportunidade perdida. Eu, que tinha achado que seria empolgante passar algum tempo com Bill, descobri que meu interesse estava mesmo nos resultados, não na proximidade com o poder. A experiência confirmou que, à medida que a empresa crescia, diminuía a correlação entre esforços e resultados.

Investi longas horas cuidando dos detalhes daquela entrevista, um tempo precioso que não podia ser recuperado e que, com certeza, teria sido mais bem aplicado em meus projetos do Nepal. Em vez de estar em Shenzen, eu podia estar em Katmandu. Era nítido que as crianças do Nepal precisavam mais de mim do que meu patrão. Estava na hora de pular do avião e começar o meu próprio show.

O CARREGADOR DE TACOS DE BILL

Apesar da falta de motivação com a visita de Bill à China, não posso deixar de respeitá-lo. Não apenas ele criou uma grande companhia quando ainda era muito novo, mas o trabalho que ele e Melinda estão fazendo através da Fundação Gates vai influenciar positivamente a vida de milhões de pessoas.

Estou consciente de que, embora fosse um risco sair da Microsoft para começar minha própria obra de beneficência, eu tinha uma bela "rede de segurança" graças ao programa de *stock options* da companhia. Muita gente define como generoso esse esquema de compensação, mas penso nele como algo visionário. O modo como Bill e sua equipe de diretores organizaram as coisas foi extremamente habilidoso, pois vinculou uma relação de reciprocidade à concessão das ações. Para trabalhar na empresa, você tinha de aceitar uma faixa salarial significativamente mais baixa do que a oferecida pelo mercado. Por exemplo, quando entrei na Microsoft em 1991, aceitei ganhar US$ 17.000 a menos do que ganhava no sistema bancário. Em compensação, recebi 3.250 ações preferenciais da companhia.[1] A mensagem era que, se a empresa se saísse bem a longo prazo, os funcionários também se sairiam. Mas não havia garantias; só o trabalho árduo e o pensamento estratégico poderiam aumentar as chances de aquele ris-

[1] **Ainda tenho o documento original assinado por Melinda Gates e um dia vou leiloá-lo para arrecadar fundos beneficentes.**

co calculado dar certo. Como em geral acontece, quando se olha em retrospecto, parece óbvio que se tratava de uma troca fantástica, mas na época ninguém sabia disso.

Por volta de 1999, quem já estava na empresa havia alguns anos tinha se saído bastante bem. Dou a maior parte do crédito a Bill e a Steve Ballmer por sua liderança visionária e sua extrema atenção ao detalhe. Os dois me fazem lembrar de uma teoria que ouvi de Warren Buffett: "A pessoa para quem você trabalha faz uma grande diferença." Para ilustrar sua tese, Buffett cita sempre jogadores de beisebol como Babe Ruth e Lou Gehrig, que decidiram destinar uma parte considerável de seus prêmios na World Series aos *batboys*, os rapazes que carregavam os tacos.

"O segredo", disse Buffett, "é descobrir para quem levar os tacos."

Poucas pessoas conseguem levar os tacos para os Yankees da era Ruth-Gehrig ou para a Microsoft da era Gates-Ballmer. Sou grato pela sorte que tive. Da maior importância para meu sucesso a longo prazo foram as lições de gerência e de liderança que aprendi durante quase nove anos. Elas serão abordadas numa seção posterior do livro.

CAPÍTULO 8

INDO EMBORA

ESTAR DECIDIDO A MUDAR DE VIDA não tornava mais fácil o momento fatal em que ia ter de desligar a luz. Estaria cortando os laços com tudo o que era importante no meu mundo imediato – Sophie, Michael, a Microsoft e a China. Como só havia quatro meses que eu estava em Pequim, ainda não tinha uma rede de amigos a quem pudesse recorrer em busca de conselho, conforto e consolo. Sabia que os meses que viriam pela frente seriam muito difíceis.

Aliava-se a isso o fato de eu detestar decepcionar as pessoas. Desde muito jovem, sempre fora um "bom menino", amado e respeitado pelos pais, pelos amigos e pelos professores. Era algo que fazia parte do meu DNA desde a mais tenra idade. Agora, em vez de agradar a Sophie e a Michael, as duas pessoas mais próximas de mim, estaria me desligando deles.

Eu sabia que seria difícil explicar-lhes como meu plano de vida tinha mudado tão radicalmente e por que nenhum dos dois cabia nele. Estávamos vivendo vidas glamourosas; optar por sair seria o equivalente a renegar nossa tribo.

Por mais que eu soubesse como as separações são dolorosas, também sabia que elas às vezes são inevitáveis. O entusiasmo por uma vida fora da Microsoft aumentara tremendamente. Minha mente ardia com pensamentos e idéias sobre voltar ao Nepal para ver as escolas que estávamos construindo e as bibliotecas que estávamos montando. Também me ocupava com projetos para ajudar refugiados a se reinstalarem com êxito. Amigos sugeriam que eu trabalhasse como consultor, fazendo planos de negócios para suas empresas recém-criadas, e usasse os honorários para custear as iniciativas de filantropia.

Eu precisava me libertar de quaisquer amarras que pudessem me impedir de correr atrás desses sonhos.

UM FORTE SINAL DE QUE ESTAVA NA HORA de ir embora surgiu uma semana mais tarde, durante um encontro com os profissionais de relações públicas da Microsoft em Taiwan, Hong Kong e China. Um dos temas da agenda era definir um pacote de iniciativas de responsabilidade social para ser lançado no final do ano. Fiquei empolgado com a perspectiva de ajudar a fomentar iniciativas filantrópicas que permanecessem mesmo após eu ter partido. Enchi as primeiras três páginas de um bloquinho amarelo com minhas idéias para ajudar algumas dentre os 300 milhões de pessoas que viviam na pobreza na região.

Infelizmente, as idéias de meus companheiros eram bastante diferentes das minhas. A equipe da China pretendia auxiliar algumas dúzias de estudantes de classe média a se transferirem da escola pública para uma escola particular da elite. Interpelei Alice, a líder da equipe.

– Com todo o devido respeito, e você conhece o mercado da China melhor do que eu, não sei se este plano será assim tão positivo. Você está ajudando crianças de classe média a mudar para uma escola particular ainda melhor. Será este realmente o melhor meio de usar os recursos da Microsoft? As crianças nas áreas rurais que não têm sequer escolas para freqüentar, elas é que precisam de ajuda.

– Ajudar os pobres não ajuda a empresa – Alice disparou.

Pedi que ela explicasse melhor.

– Se ajudarmos a classe média a freqüentar boas escolas, eles aprenderão a lidar com a tecnologia e se transformarão em consumidores de computadores e softwares. Precisamos que se somem à classe superior ou não ajudarão nossos negócios. Esse é o objetivo desse programa.

Senti um aperto no coração, pois acalentara grandes expectativas daquela reunião. Torcendo para que o time de Hong Kong apresentasse alguma sugestão mais inspiradora, pedi que eles continuassem. Sua proposta era que os funcionários da Microsoft dedicassem uma parte de seu tempo a treinar cidadãos idosos a usar computadores. Um dos benefícios, disseram, era que gastaríamos muito menos dinheiro do que o previsto em nosso orçamento, pois "nossos funcionários já estão sendo pagos, não é mesmo?", e essa economia poderia ser usada para melhorar os resultados da subsidiária.

Como eu não sabia por onde começar, meti o pé na porta:

– Mas vocês não acham que vai parecer que só estamos agindo em nosso proveito? Nossos críticos nos acusam de não sermos uma boa empresa-cidadã. Se quiser provar que não é bem assim, é preciso pensar em alguma coisa que não tenha relação com computadores. Que tal ler livros para pessoas idosas? Servir-lhes uma refeição quente e nutritiva? Levá-las para dar um passeio?

Minhas idéias se depararam com o silêncio. Para esses profissionais, a responsabilidade social de uma empresa só era relevante se favorecesse os negócios. Parei de discutir e preferi continuar sonhando com o dia em que pudesse montar meu próprio show e direcionar a ajuda para os que mais precisavam.

FUI ENCORAJADO POR UM E-MAIL DE DINESH, nosso amigo do Lions Club de Katmandu. Duas aldeias do distrito de Pasupathi tinham feito propostas para projetos de construção de escolas. Ele queria saber se podia levar a coisa adiante. "Disse que só os ajudaríamos se estivessem dispostos a ajudar a si mesmos", ele escreveu. "Isto significa que você (ou qualquer outro doador que encontrar) comprará os tijolos e o cimento, mas a comunidade doará a terra e o trabalho voluntário. Eu posso supervisionar os projetos, visitando as duas aldeias uma vez por mês para garantir que estejam sendo feitos progressos."

O valor para financiar a compra do material de construção era relativamente pequeno quando comparado aos benefícios para as crianças: US$ 10.000 dariam para construir as duas escolas. Respondi imediatamente, dizendo a Dinesh que ele podia contar comigo para arranjar o dinheiro. Meu plano era fazer uma surpresa aos meus pais, dedicando as duas escolas a eles como agradecimento por minha própria educação.

DE VOLTA A PEQUIM, ENTREI EM PÂNICO. Eu empenhara US$ 10.000 antes mesmo de avaliar se a parte financeira permitiria que eu mudasse radicalmente de vida. Estava na hora de responder à importante pergunta: eu podia me dar ao luxo de abandonar meu trabalho, meu contracheque e meu plano de *stock options*?

Verificando o que eu tinha no banco e qual era o meu gasto mensal, a perspectiva parecia boa. Eu poderia viver pelo menos cinco anos sem esgotar por completo minhas economias. Mas detectei um problema: quem pagava o nosso aluguel era a Microsoft. Então entrei na internet para fazer uma checagem nos valores de aluguéis em São Francisco, que é uma cidade tremendamente cara. Minha intenção era montar o quartel-general da ONG em uma região rica e com fortes laços com a Ásia. Com esse ajuste, a planilha mostrava que eu teria fôlego para investir quatro anos em minha obra social. Precisaria apenas fazer alguns cortes ou arranjar alguns projetos de consultoria para ajudar no fluxo de caixa.

Fazer as contas me ajudou a encarar a realidade. Eu passara a vida inteira poupando, e agora minhas economias seriam severamente afetadas. Então racionalizei: de que vale ter dinheiro guardado se a pessoa não pode usá-lo para bancar os próprios sonhos?

DOIS DIAS APÓS MEU PRIMEIRO BALANÇO FINANCEIRO, entrei novamente em pânico. Perdi o sono com a idéia de ver minhas economias minguarem. Decidi então esboçar um Plano B. Quando ele me pareceu bom, criei uma terceira opção, um Plano C.

Plano B: Trabalhar como consultor na florescente economia pontocom. Como ex-executivo da Microsoft, eu poderia cobrar alto por meus honorários. Cortar as despesas do dia-a-dia. Dedicar 1/3 do tempo à consultoria e 2/3 aos meus projetos de educação no Nepal e possivelmente em outro país, como o Vietnã ou o Camboja. Assim, os clientes da consultoria acabariam subsidiando meu trabalho social.

Plano C: Trabalhar com projetos de educação durante o dia e como barman à noite. Sou um cara de boa aparência, dedicado ao trabalho e que gosta de lidar com o público. Portanto, minhas gorjetas seriam boas e, em vez de gastar muito dinheiro num bom vinho (um dos meus hobbies), teria cacife como empregado para negociar um pequeno desconto!

Eu realmente gostei do Plano C, mas ele conduzia a uma outra situação assustadora – enfrentar a perda de status. Estava realmente disposto a deixar de ser um executivo para atender num balcão de bar? Quando alguém perguntasse "E aí, o que você faz?", como seria responder "Trabalho em bar, no McGee's Pub"? Fiquei me imaginando no trabalho, usando um boné e uma camisa pólo com o logo da Microsoft, tendo como trilha sonora *Glory Days*, de Bruce Springsteen. Como seria, pela primeira vez em 13 anos, ter de responder a essa pergunta sem falar do puro-sangue executivo?

Tentei alertar a mim mesmo de como era patético alguém se apoiar em rótulos e clichês idiotas para definir a identidade. Lembrei o conselho que meu pai me dera quando eu estava começando no colégio. Certa noite, quando varríamos as folhas do jardim, ele me perguntou se precisava assinar uma autorização para eu entrar na equipe de juniores de futebol americano. Para sua surpresa, comecei a chorar. Expliquei que não estava interessado em jogar, que todos os garotos inscritos eram maiores que eu e que a perspectiva de ser barrado por causa disso tinha me convencido a escolher batalha naval como atividade extracurricular.

Como de hábito, o conselho dele foi simples e direto: se não quer jogar, não jogue. Repliquei dizendo que para ele era fácil dizer isso, mas que eu teria de enfrentar todos os garotos me chamando de bobo.

– John – ele revidou –, você já tem idade suficiente para saber que a única pessoa na face da Terra a quem você precisa dar satisfações é a você mesmo. Mesmo eu e sua mãe não importamos mais.

Não faça nada para nos agradar. Faça o que você acha que é certo e vá se acostumando a responder apenas a si mesmo.

TREINEI, MENTALMENTE, UMA RESPOSTA para "O que você faz?".

"Tenho um pequeno projeto de montar bibliotecas."

Um tanto fraco. Tentei de novo.

"Levo livros no lombo de um iaque para aldeias do Himalaia."

Não, não ia funcionar. Além de pouco convincente, ia parecer que eu era um daqueles milionários rastafáris com seus *dreadlocks* cultivados ao longo das muitas viagens ao Terceiro Mundo.

Terceira chance.

"Construo escolas e bibliotecas em comunidades pobres do Nepal."

Gostei dessa. Caminhei para o espelho do banheiro, me imaginei num jantar e tentei dizer a coisa em voz alta:

– Fundei e dirijo uma organização que constrói escolas e bibliotecas nas comunidades pobres do Nepal.

Eu estava projetando a voz e consertando a postura. Era óbvio que teria orgulho de dizer isso. Se alguém me olhasse atravessado, problema dele, não meu. Além disso, não se encontra muita gente em busca de status nas lonjuras do Himalaia.

SOLITáRIO E SEM AMIGOS EM PEQUIM, usei o telefone para me aconselhar. Liguei para meu pai e abordei o dilema de sair da companhia.

– O que você acha que significa o fato de eu ficar mais entusiasmado com um e-mail sobre uma doação de algumas centenas de livros usados do que tratando de um negócio de US$ 1 milhão para vender o Windows a uma grande empresa chinesa de telecomunicações?

Com paternal sabedoria, ele respondeu:

– Significa que suas prioridades se alteraram. Você sempre foi muito independente e vai ver que está na hora de fazer o que tem vontade, em vez de trabalhar para outra pessoa.

Meu amigo Mike, em Sydney, me ofereceu o melhor conselho que já recebi: "Olha, há duas maneiras de tirar o esparadrapo: devagar, sentindo dor, ou depressa, sentindo dor. A escolha é sua."

Mike tinha razão. Estava na hora de parar de olhar para o umbigo e pôr mãos à obra. Eu já estava cansado de ficar rodando em círculos, pesando os prós e os contras, fazendo anotações num caderno, fazendo contas e me queixando aos amigos. Essas coisas eram cortinas de fumaça e táticas protelatórias. Eu sabia o que queria. Estava na hora.

NAQUELA BELA MANHã DE MAIO, SENTI-ME feliz de estar no meio de um engarrafamento de tráfego em Pequim. Qualquer coisa que retardasse meu encontro com Michael e minha demissão seria bem-vinda. Enquanto Liu Wei navegava pelas ruas cheias, eu levava à boca uma grande caneca térmica cheia de chá e olhava pela janela do banco de trás.

Chamou minha atenção um trabalhador parado entre as duas pistas de tráfego com uma pá, enchendo buracos. Usava um uniforme que lembrava um traje militar camuflado. Eu me perguntei se ele preferia *não* ser visto pelos carros que passavam. Não gostei de ter rido dessa idéia, mas achei ótimo esquecer momentaneamente o peso das imagens que se agitavam na minha cabeça e que diziam respeito à minha própria e iminente batida de frente.

Chegando ao escritório, tornei a encher a caneca de chá e fui direto para o espaçoso escritório de Michael. Respirando fundo, bati na porta e entrei sem esperar por um convite, sentando em uma das cadeiras reservadas às visitas.

Fui direto ao ponto:

– Você não vai gostar do que vou dizer, aliás, nem você nem eu, porque acho terrível desapontá-lo. Mas a realidade é que não gosto de viver aqui. Como minhas prioridades se alteraram de forma radical, não posso mais trabalhar aqui.

Michael tentou me interromper, mas não deixei. Vinha praticando há dias e não queria perder o ritmo.

– Ninguém consegue entender por que esta vida não serve mais para mim. Não quero mais ser um expatriado, muito menos um executivo de tecnologia. Vai ser inútil tentar me fazer mudar de idéia! Mas podemos negociar minha data de saída, e vou fazer o que puder para agir até o final de maneira correta. Só não tente me demover desta decisão. Há meses venho pensando nisso e a fonte já secou. Desculpe-me.

Ele pareceu chocado. É claro que ele havia percebido que eu andava preocupado naquelas últimas semanas, mas não esperava uma atitude tão radical. Senti-me tremendamente mal; sabia que ele não esperava isso de mim. Eu era seu braço-direito. Tive a impressão de ouvir palavras como "chocado", "confuso", "decepcionado" e "muito chateado". Michael me lembrou, embora não fosse preciso, que assumira um risco ao me levar para a China com um cargo tão importante e que lamentava ter depositado tanta confiança em mim.

– Você é o cara que me substitui nas conversas e reuniões importantes. E é um dos poucos que sabem trabalhar em uma subsidiária asiática, além de também conhecer os bastidores do quartel-general em Redmond. Não posso inventar outro como você.

Falei que não podia continuar aquela conversa, que o clima estava muito emocional e que preferia discutir os detalhes mais tarde. Tornei a pedir desculpas. Com isso, atravessei bruscamente a porta e fui para minha sala. Peguei meu notebook, pedi a Liu Wei que troxesse o carro e escapuli do prédio por uma saída lateral, me sentindo um traidor.

Decidi seguir diretamente para o aeroporto, sem passar em casa. Tinha decidido descansar algumas horas no lounge da Air China antes de embarcar para Hong Kong, onde participaria de uma reunião. Durante o trajeto, pensei como era patético morar numa cidade onde os lugares públicos confortáveis e acolhedores eram tão poucos que a pessoa tinha de ir ao aeroporto para encontrar paz e serenidade.

Descer em Hong Kong foi como uma libertação. A cidade tinha uma animação que faltava inteiramente à vagarosa Pequim. Além disso, o céu era mais azul, o ar mais limpo e a arquitetura mais inspiradora. Cheguei ao Grand Hyatt, com sua vista panorâmica do porto e do famoso *skyline* de arranha-céus da cidade, e pedi que o recepcionista ampliasse minha reserva de uma para duas noites.

Ansiava por uma pausa e, é claro, estava com medo da inevitável conversa com Sophie quando voltasse.

Agendei alguns compromissos para justificar o dia adicional em Hong Kong, mas minha mente não chegaria a se engajar de todo naquelas reuniões. É difícil discutir iniciativas de longo prazo quando você sabe que não estará na empresa para implementá-las; senti-me culpado pela mistificação. À noite caminhei pelas ruas agitadas da cidade, dei uma parada em um pub para tomar uma cerveja. Tendo como fundo musical os sucessos de Ricky Martin e os gritos roucos de expatriados australianos torcendo por seu amado time de rugby em uma partida contra a Nova Zelândia, fui enchendo páginas e páginas de minha agenda sobre como pode ser doloroso o fim de um período de nossa vida.

Não era como se eu estivesse vivendo *la vida loca* nesse momento (embora o futuro se mostrasse promissor). Resolvi permanecer focado no caminho que escolhera e não esquecer que eu e Sophie ficaríamos bem se simplesmente admitíssemos estar em caminhos de vida diferentes. Ela não gostava de minhas viagens e meus projetos de filantropia pelo Terceiro Mundo tanto quanto eu não gostava daquela vida glamourosa de carreiras lucrativas no exterior.

Nenhum dos dois estava errado. Era isso mesmo, apenas uma questão de prioridades. Eu ainda a respeitava muito e gostava de vê-la se sobressair na carreira que escolhera. Só não queria mais levar a minha vida de acordo com os mesmos valores.

DE VOLTA A PEQUIM, COMUNIQUEI A SOPHIE que estava indo embora. Isso significava terminar nosso relacionamento, entregar nossa casa e encerrar o cenário profissional que partilhávamos. Sabia que era a coisa certa a fazer e que o ideal seria cada um encontrar alguém que tivesse os mesmos objetivos. Ainda que em nome da liberdade, parecia cruel causar sofrimento a alguém que se ama.

Para viver a vida que eu queria, estava abandonando Sophie. O que era positivo para mim era extremamente negativo para ela. A aquarela de cores vivas que ela pintou e me deu como demonstração de seu amor agora jazia espatifada no chão de nosso quarto. A imagem de um banco de madeira na sombra acolhedora de um grande carvalho, que representava o lugar onde nos sentaríamos pacificamente no fim da longa vida que passaríamos juntos, já não fazia mais sentido.

Minha decisão de dormir no quarto de hóspedes só aumentou a dor e a solidão dessa fase. Resolvi encerrar meu trabalho o mais depressa possível a fim de começar o novo capítulo da minha vida.

SEIS SEMANAS MAIS TARDE, FIZ MINHA mudança e embarquei para São Francisco. Pela janela do Boeing 747 da United Airlines podia ver alguns aviões da Air China e da China Eastern. Talvez aquelas fossem as últimas imagens da cidade em que morei por quatro meses, mas que nunca conseguira realmente sentir como minha.

Uma aeromoça pergunta se eu gostaria de uma taça de champanhe. Digo não, pois ainda são 11 horas da manhã. Puxo a agenda para registrar meus pensamentos e repenso a oferta da aeromoça. Aperto o botão, e quando ela retorna pergunto num tom meio acanhado se ainda seria possível conseguir uma taça de champanhe. A bebida espumante faz cócegas no meu nariz enquanto o avião se move pesadamente pela pista esburacada. Brindo em silêncio minha saída do solo chinês e o término de minha angústia existencial.

Durante os cinco minutos seguintes contemplo a cidade de Pequim envolta em sua habitual nuvem de pó de carvão e nevoeiro. Ela fica cada vez menor, mais distante. Tudo o que eu sentia de negativo e gerador de estresse vai se dissipando enquanto o avião ganha altura e avança para leste. Pela primeira vez em meses eu me sinto relaxado, feliz e otimista quanto ao futuro. Minha agenda está se enchendo de pensamentos positivos e alegres. Para a frente e para cima!

PARTE II

RECOMEÇANDO

CAPÍTULO 9

OS ANOS DE ARRANCADA

EM DEZEMBRO DE 1999, RECEBI A NOTÍCIA de que a Receita Federal tinha aprovado a classificação "sem fins lucrativos" para a entidade Books for Nepal (Livros para o Nepal).[2] Meu pensamento imediato foi: "E agora?" Eu era um refugiado corporativo que jamais trabalhara em caráter oficial na área de responsabilidade social. Sempre havia encarado meus projetos de educação como hobby, não como vocação. Embora estivesse ávido para dar a partida, não sabia por onde começar.

Às vezes sentia vergonha de minha inexperiência. Um velho amigo da universidade, Jim, participava há anos da fundação de sua família. No ano anterior eu lhe falara de meus planos para deixar a Microsoft e dedicar mais tempo aos projetos de educação no Nepal. Ele me perguntou quando eu atingiria o status 501(c)(3). Como eu não sabia o significado dessa sigla, Jim revirou os olhos antes de explicar que era a categoria de que minha recém-fundada organização ia precisar para que as doações fossem dedutíveis do imposto de renda.

Expliquei que preferia não complicar as coisas, evitar a burocracia e deixar a Receita de fora. Outra revirada de olhos e outro sermão. Segundo ele, ninguém faria uma doação significativa se eu não pudesse provar que éramos uma organização legítima. Em seguida, me ofereceu um incentivo. Assim que tivéssemos aquele mis-

[2] O nome acabaria sendo alterado para Room to Read (Espaço de Leitura). Ver na Parte III o contexto em que se deu a mudança de nome.

terioso status 501(c)(3), ele e sua esposa Jen nos fariam um cheque de US$ 10.000. Funcionou. Liguei para o advogado Chris Beer e perguntei se não podíamos nos encontrar.

Dinesh havia sugerido que contratássemos alguns jovens nepaleses para trabalhar em tempo integral nos projetos. Nossas primeiras escolas estavam em construção, novas doações de livros continuavam chegando e uma grande editora se comprometera a fazer uma doação de 25.000 livros. Mais de 100 escolas tinham pedido para participar de nosso programa de bibliotecas. Dinesh se ofereceu para comandar os novos empregados, além de atuar gratuitamente como consultor do projeto. Disse que poderia contratar profissionais com curso superior pagando cerca de US$ 200 por mês. O dinheiro de Jim e Jen seria mais do que suficiente para sustentar uma equipe no Nepal. Esses pequenos passos indicavam que já estávamos nos tornando uma verdadeira organização.

NEM TODO DOADOR ERA TÃO AMISTOSO, encorajador e generoso quanto Jim. Recebi muitos nãos durante os primeiros anos de vida da Books for Nepal. Isto, no entanto, não me aborrecia muito. Qualquer um na área de vendas sabe que, se não está enfrentando rejeição, é porque não está prospectando o suficiente. O que me chateou foi o modo condescendente de algumas pessoas que conheci nesse período. Fosse eu menos confiante, essas pessoas teriam conseguido esmagar meu entusiasmo.

Um dos primeiros contatos que fiz foi com a American Himalayan Foundation (AHF), versão americana da inglesa Himalayan Trust, de Sir Edmund Hillary, a organização que há 25 anos patrocina vários projetos no Nepal, de pontes a hospitais e escolas. Eu visitara algumas de suas escolas em minha terceira viagem ao Nepal e tinha ficado impressionado com o trabalho que faziam. Estava, portanto, bastante empolgado quando uma de suas diretoras concordou em me receber na bem equipada sede que tinham em São Francisco.

Meu entusiasmo foi, sem dúvida, prematuro. A executiva, na faixa dos 40 e elegantemente vestida, me recebeu com cordialidade, mas sinais de advertência logo começaram a piscar. A caminho de sua sala, ela parou duas vezes para longas conversas com colegas. Detalhe: não se preocupou em me apresentar. Presumi que estava tendo um dia bastante agitado. Os céus escureceram um pouco mais quando chegamos à sua sala. Dois minutos depois de ter começado a expor meus objetivos, ela me interrompeu:

– Não estou entendendo o que temos a conversar. Há centenas de pequenos grupos fazendo o que você faz.

– Concordo. Há muitas organizações trabalhando no Nepal, o que é bastante positivo, porque o país precisa de muita ajuda. O que torna a Books for Nepal diferente é que temos planos para desenvolver nosso projeto em larga escala. Se aprendi alguma coisa na Microsoft, foi a pensar grande. A maioria das obras sociais constrói uma ou duas escolas, mas eu quero construir centenas. Muitas entidades montaram algumas bibliotecas, mas ninguém rivalizou com Andrew Carnegie, que espalhou milhares de bibliotecas pelo mundo em desenvolvimento.

– E o que o faz pensar que tem condições para fazer isso?

– Boa pergunta. Para começar, sou ambicioso e tenho muita energia. Não tenho medo de trabalho duro e conheço muitas pessoas, dos meus tempos como executivo de tecnologia, que podem ser incentivadas a fazer doações para a causa. Por fim, não tenho a menor vergonha de pedir dinheiro ou favores às pessoas. Por exemplo, acabei de receber uma mensagem de Carol Sakoian, vice-presidente da área internacional da editora Scholastic. Eles estão doando 25.000 livros infantis para nosso programa. Carol disse que isso é apenas o começo e que me apresentará a outros editores.

A executiva me olhava com a mesma indiferença com que uma vaca na margem de uma estrada observa um carro passar. Deu uma olhada no relógio, embora só tivéssemos passado 10 minutos reunidos. Indômito, fui em frente:

– Achei que as notícias da Scholastic pudessem ser de interesse. Sei que a AHF construiu 40 escolas na região do Everest. Visitei algumas delas e fiquei impressionado. Mas uma coisa que reparei foi que elas têm o mesmo problema que a maioria das demais escolas no Nepal: uma biblioteca vazia. Então comecei a pensar: e se começássemos a dar um bom destino a alguns desses novos livros? Minha organização pode ajudar suas escolas montando 40 novas bibliotecas escolares. Isso, para responder à sua primeira dúvida, é uma das principais razões que me levaram a pedir esse encontro.

Ela fez outra consulta ao relógio, agora mais ostensiva.

– Não sei. Você teria de discutir o assunto com meu pessoal. Está me falando de detalhes que eu não acompanho.

– Ótimo – ingenuamente repliquei. – Com quem devo falar? Eles estão hoje aqui no escritório?

– Vou colocar alguém em contato com você. Mas agora preciso realmente sair para o almoço.

Então foi minha vez de dar uma olhada no relógio. Obriguei-me a conter o comentário maldoso de que devia ser bom participar de uma organização em que se almoçava às 11h15.

LAMBI AS FERIDAS NUM BAR PERTO DALI. Esperei que o capuccino fumegante compensasse a gélida recepção da AHF. O bar tinha acesso por banda larga à internet, e puxei meu notebook para escrever um e-mail de agradecimento. Eu tinha sido tratado de forma rude, mas era um novato – não podia perder nenhuma oportunidade de obter ajuda. Lembrei à executiva que ela prometera me colocar em contato com o funcionário encarregado do programa de escolas no Nepal. Dei uma boa pancada no teclado quando o mouse estava no "Enviar". Era óbvio que ela não pretendia responder, como de fato não o fez.

Torci para que não fosse assim que as coisas funcionassem no meu novo mundo. Estava acostumado ao mundo dos negócios, onde as pessoas se atiram às boas idéias na tentativa de se antecipar à concorrência. O universo da filantropia aparentemente não obedecia a essas regras. Na Microsoft, eu me acostumara a ter retorno dos telefonemas, a contar com uma equipe que executava meus planos e a ter acesso a todos os recursos de que precisava. Agora eu era um peixe fora d'água. Sem experiência no mundo complexo das entidades internacionais sem fins lucrativos, sentia-me pequeno e insignificante. Eu tinha uma grande meta, mas um número ainda pequeno de resultados. Será que aquilo seria emblemático de minha nova condição de vida?

Enquanto eu via pela janela as mesinhas na calçada começando a se encher para o almoço, o aviso de um novo e-mail soou: "Boas Notícias do Nepal". Como de hábito, Dinesh estava trabalhando com afinco. Eram duas da manhã no fuso horário dele. "Caro John, em anexo seguem fotos de três de nossas novas escolas em construção. Como você pode ver, os pais dão sua ajuda limpando o terreno, preparando os alicerces e carregando os tijolos para o local. Os diretores pediram para você vir no outono para a abertura oficial do ano letivo. Você vai poder?"

Meu coração imediatamente começou a transbordar de otimismo. O e-mail trazia um lembrete para que eu não me deixasse abater pela rejeição. O único modo de continuar avançando era me manter otimista. Repassei de imediato as fotos dos projetos para algumas dezenas de amigos, na esperança de que eles conhecessem alguém disposto a investir no meu sonho.

ALGUMAS SEMANAS DEPOIS SURGIU UM potencial patrocinador: a Fundação Draper Richards. Criada pelos investidores Bill Draper e Robin Richards Donohoe para custear "empreendimentos sociais", principalmente bolsas de estudo, a fundação tinha acabado de ser formada e pouco se sabia sobre seus objetivos. Dois fatos, no entanto, se destacavam com nitidez: eles estavam procurando ONGs que estivessem dando os primeiros passos, e a subvenção anual era de US$ 100.000. A melhor notícia é que o "parceiro" podia fazer o que bem entendesse com a verba, não havia limitações nem restrições. Enfim, era um raro presente.

Um amigo, também ex-aluno do MBA da Kellogg School of Management (Northwestern), me apresentou à diretora-executiva da Fundação Draper Richards. Foi extremamente reconfortante, pois, apesar de as instalações serem tão luxuosas quanto as da AHF, Jenny me pôs imediatamente à vontade. De forma cordial e encorajadora, ela iniciou a conversa expondo sua filosofia de trabalho:

– Nosso êxito se deve ao fato de termos descoberto grandes negócios em seus estágios iniciais, tais como Kana, Hotmail e Tumbleweed – disse ela, citando três investimentos da internet extremamente bem-sucedidos. – Por isso, decidimos usar parte do lucro e fazer alguma coisa pela melhoria do mundo. Queremos montar um portfólio com obras sociais ainda nos primeiros passos, mas com potencial para se expandir e mudar o mundo. Idealmente, um pequeno investimento feito na fase inicial de uma ONG pode ter um enorme efeito para o seu crescimento. O segredo é encontrar empreendedores naturais.

Negócios. Portfólio. Expansão. Incubadoras de empresas. Empreendedores. Ela estava falando a linguagem do mundo dos negócios. Tive vontade de abraçá-la. A sensação perdurou um nanossegundo, pois logo veio a má notícia:

– Gosto do que sua organização faz, mas você está em um estágio avançado demais para nós.

– Mas, mas, mas... estamos ainda em nossa infância, nossos passos ainda são de bebê – balbuciei, procurando desesperada e pateticamente novos eufemismos para mostrar como éramos *jovens.*

– Não sei. Você já fez um razoável número de escolas e bibliotecas. Está falando em expandir sua atuação além do Nepal. Talvez, para nós, esteja longe demais em seu ciclo de vida.

Recorri à minha melhor defesa – alguns diriam, à minha melhor "súplica":

– Duas escolas e 12 bibliotecas são apenas a ponta do iceberg – repliquei. – E, sim, estou falando em ir para outros países, mas neste momento é pura conversa. Não podemos fazer coisa alguma sem os fundos necessários. Pense nisso como uma grande idéia empresarial, mas saiba que não podemos nem contratar empregados.

Como ela não disse nada, eu continuei:

– Olhe, posso realmente ser franco? Todas as outras fundações com que falei me disseram que somos jovens demais e que eles só financiam ONGs mais experientes. E você está me dizendo que somos velhos demais. Sinto-me como um personagem de desenho animado que acabou de ultrapassar a beira do penhasco e continua correndo no ar, mas sem avançar. Eu realmente preciso deste financiamento para atender às dezenas de comunidades que estão na fila de espera por uma biblioteca e não tenho o capital para atendê-las. Acho que deve nos olhar como se estivéssemos no ano dois de uma caminhada de muitos anos. Ainda somos relativamente jovens.

Jenny não deixou transparecer qualquer reação. Disse que ia pensar. Saí de sua sala com um sentimento semelhante ao de quem está apaixonado. Queria tremendamente que a coisa desse certo e estava com medo de enfrentar uma rejeição.

DUAS SEMANAS MAIS TARDE, SARAH LEARY, uma velha amiga do meu tempo da Microsoft, concordou em financiar uma escola no Nepal para homenagear o pai. Uma corrida de uma hora na praia seria a minha comemoração. Depois disso, voltaria a trabalhar. Quando eu estava pegando minha bolsa de ginástica, o telefone tocou de novo.

– Olá, John. Aqui é Rhonda, do escritório de Bill Draper. Bill tomou conhecimento do seu trabalho através de Jenny. Ele gostaria de ir amanhã até o seu escritório para conversar.

Excelente! Eu disse a ela que estava inteiramente disponível.

– Ele e Jenny podem estar aí por volta das duas horas da tarde. Acho que devemos pensar num encontro de três horas, pois ele quer discutir detalhadamente o seu plano de negócios.

– Sim, nosso plano de negócios. Excelente. Aguardo ansiosamente a oportunidade de examinar o plano com ele. Obrigado.

Quando um lendário investidor de capital de risco reserva três horas para examinar o plano de negócios de alguém, não há como não ficar nervoso. Especialmente se a pessoa em questão *não tem* um plano de negócios formal. Quero dizer, havia trechos espalhados por vários locais: na minha cabeça, em meu disco rígido e em e-mails que Dinesh tinha enviado falando das expectativas de crescimento de nosso programa. Tinha também algumas anotações sobre nossa planejada expansão para outros países asiáticos, mas tudo na fase do "esboço"; eu nunca me dedicara a reunir tudo num texto coerente. Será que estava mesmo preparado para me encontrar, em menos de 24 horas, com um dos mais destacados capitalistas do mundo?

Percebendo quanto estava em jogo e imaginando o tique-taque do relógio, corri para casa. Peguei meu saco de dormir, um travesseiro e uma muda de roupa. De volta ao escritório, preparei um grande bule de café. Era o momento dos atos heróicos. Lembrei que o mesmo saco de dormir que estivera comigo naquela primeira viagem para o Nepal agora me acompanhava na difícil tarefa de transformar sonhos em realidade.

Minha primeira virada de noite fora bem-sucedida. Eu tinha dormido das duas às seis da manhã, ouvindo o lúgubre sinal sonoro de nevoeiro da ponte Golden Gate. Digitei febrilmente, torcendo para não deixar passar erros graves na revisão. Às 13h45 disparei para tomar um banho, fazer a barba e trocar de roupa na ACM local. Na volta, ao frear no estacionamento com os pneus cantando, vi Bill e Jenny chegando em um Mercedes conversível. Mergulhei no escritório momentos antes deles. Senti-me como um jogador de basquete arremessando uma cesta de três pontos um segundo antes do final da partida.

COM A PRECISãO DE UM PRIMOROSO relógio suíço, Bill e Jenny entraram no meu atravancado escritório em São Francisco precisamente às 2h01. Entreguei duas cópias, ainda quentes da impressora, de um plano de negócios com 35 páginas.

William H. Draper III fazia o estilo "urso", com sobrancelhas grandes e espessas, cabelo prateado, um brilho amigo nos olhos e um intelecto febril. Passara recentemente dos 70 anos, mas parecia ter 10 anos a menos graças ao eterno bronzeado obtido em partidas diárias de tênis. Com um blazer de pêlo de camelo, camisa branca, gravata de seda vermelha e porte de aristocrata, parecia ter saído de um catálogo da Brooks Brothers.

Comecei a apresentar meu plano de negócios, mas logo Bill fez um comentário sobre algo na página 17. Ele queria saber tudo sobre a minha formação, a de nossos empregados e até dos voluntários que trabalhavam arrecadando recursos.

– Invisto em pessoal. Fale primeiro de sua equipe, porque, se você não acertar aí, não há esperança para sua organização. Você mencionou que está criando uma rede de voluntários que arrecadam fundos para você. Quem são eles? Nomes, quero nomes.

Expliquei que meu objetivo era permitir que qualquer pessoa, fosse ela um banqueiro, um consultor ou um professor primário, pudesse captar subvenções para nos ajudar a construir mais escolas e a montar mais bibliotecas:

– Meu modelo leva em conta o fato de que qualquer um pode reservar uma hora de seu dia ou, se quiser, pode trabalhar à noite ou nos fins de semana para planejar eventos ou campanhas que gerem recursos. Um grupo de voluntários aqui de São Francisco, por exemplo, organizou um evento que arrecadou US$ 35.000. Aparentemente, não parece muito dinheiro, mas esta soma, no Nepal, dá para construir quatro escolas. A beleza desse modelo é que não temos de pagar um tostão a eles, e isso ajuda a manter baixos nossos custos de arrecadação.

– Bem pensado, gosto de despesas de custeio baixas – Bill clamou.

Dei um suspiro de alívio. Mas foi um suspiro breve, pois Bill voltou imediatamente para a página 1 do plano de negócios. Depois de várias horas tentando codificar minha idéia de mudar o mundo numa declaração de princípios, eu pusera ali uma sentença que resumia nosso objetivo: "Nosso pessoal trabalha em parceria com comunidades locais no mundo em desenvolvimento. Um modelo de co-investimento capaz de provocar a criação de uma nova infra-estrutura educacional, incluindo escolas, bibliotecas, centros de informática e bolsas de estudo de longo prazo para meninas."

A voz retumbante de Bill ressoou:

– Gosto disso. Co-investimentos fazem total sentido. Eu também dirigi o UNDP (Programa das Nações Unidas para o Desenvolvimento), sabia? Sempre achei que esses programas de ajuda só funcionam se o pessoal local for estimulado a entrar com trabalho e pequenas somas de dinheiro. De outro modo, o projeto fica parecendo uma dádiva trazida por forasteiros, algo a que ninguém dá valor, pois não participou com nada de seu.

Aproveitei a pausa, que eu sabia que seria breve.

– Concordo. Há uma reflexão feita por Michael Porter, da Harvard Business School, que chama atenção para o fato de que ninguém jamais lavou um carro alugado. Se o sujeito não é dono, não se dispõe a fazer qualquer manutenção a longo prazo. Acho que isso é uma pista muito importante para os nossos projetos.

A reunião continuou por mais algumas horas, permeada por anedotas que o loquaz e entusiástico Bill contava sobre o desenvolvimento internacional. Eu estava lisonjeado com sua atitude e, claro, cedi o controle da reunião. Bill era o piloto.

Depois de várias outras perguntas e digressões, Bill disse que estava impressionado e ansioso para trabalhar com a gente. Sugeriu que eu começasse a pensar em como ia investir o dinheiro, mas, nesse momento, Jenny o interrompeu:

– Bill, ainda há muito a fazer antes de bater o martelo. Precisamos checar as referências, eu mesma gostaria de fazer mais algumas perguntas, e Robin ainda não se encontrou com eles. O processo de aceitação pode levar de quatro a seis semanas.

– Não para esses caras. Eles obviamente sabem mostrar o que estão fazendo. Mas, sim, pode checar as referências. – Pelas costas dela, Bill me deu uma piscada.

Na saída, ao passar pela porta, deu uma olhada no meu saco de dormir amarelo.

– Em certas noites – disse eu, achando que era preciso explicar –, quando tenho algo importante a resolver, minha casa é aqui.

Bill deu uma risada que foi como um rugido de leão e bateu nas minhas costas.

– É o que gosto de ouvir – disse. – Queremos colaboradores que não tenham medo do trabalho. Há gente demais na área social com cabeça de burocrata.

Naquele momento tive certeza absoluta de que ganhara a parceria. Comecei a imaginar quanta coisa poderíamos fazer com mais capital e como seria bom para nossa jovem organização ter aquele valiosíssimo carimbo de aprovado.

EMPREENDEDOR DESDE MUITO JOVEM

Bill Draper também quis saber o que tinha me transformado em um empresário. Eu disse que, desde pequeno, estivera à frente de pequenos negócios. Aos cinco anos de idade, uma de minhas atividades favoritas era a pintura, mas eu não praticava "arte pela arte" – era mais "arte pelo comércio". Como meus pais sempre elogiavam meu trabalho, concluí que, se eles tinham em tão alta conta minhas pinturas, seria muito natural que outros adultos das vizinhanças também gostassem delas.

Uma tarde minha mãe reparou que eu estava contando uma pilha de moedas de 10 e 5 centavos. Um tanto desconfiada, indagou onde eu havia encontrado aquela pilha de dinheiro.

– Vendi minhas telas.

– O que está querendo dizer com vendi? Onde vendeu? Para quem?

Contei a ela que fora de porta em porta vendendo para nossos vizinhos.

– Pintei dois tipos de quadros: barcos à vela e celeiros. As pessoas gostaram mais dos barcos, quase não vendi nenhum celeiro. Acho que da próxima vez só vou pintar os barcos. E talvez alguns cavalos. Nada de celeiros estúpidos.

Ela avisou que não haveria uma próxima vez. Eu estava proibido de sair novamente batendo de porta em porta.

Como era natural, ela ficou bastante espantada ao me flagrar, alguns dias depois, com uma pilha de moedas ainda maior.

Ao perguntar sobre como eu tinha conseguido o dinheiro, informei-a, todo contente, que tinha vendido o último lote de 20 quadros de barcos.

– Eu não disse que você estava proibido de procurar os vizinhos para vender os quadros?

Respondi que não tinha feito isso.

– Bem, então como conseguiu vender? É claro que os vizinhos não vieram aqui em casa pedir para comprar mais quadros.

– Não, eu mandei que o Jimmy (um vizinho, meu melhor amigo) fosse vender. Ele ficou com 1 centavo por quadro vendido e eu com 4 centavos.

Algum alarme materno interno deve ter soado, alertando-a de que aquela não seria uma criança fácil de criar. Teria de prestar atenção nas letras miúdas, definir cuidadosamente os termos e monitorar de perto meu cumprimento de alguma coisa.

Essa foi a primeira de inúmeras iniciativas como empreendedor que me ajudaram a construir o que espero se torne uma das maiores organizações sem fins lucrativos do mundo.

CAPÍTULO 10

A CAPTAÇÃO DE VERBAS

FIQUEI EMOCIONADO, DUAS SEMANAS DEPOIS, quando Bill e Jenny anunciaram que eu fora aceito como o segundo parceiro da Fundação Draper Richards. A verba era uma verdadeira dádiva, pois nos daria fôlego para investir na conquista de patronos para o projeto "Adote uma Escola, uma Biblioteca ou uma Bolsa de Estudo". Tínhamos grandes sonhos e precisávamos continuar batalhando sem descanso para colocar novos doadores a bordo.

Embora de suma importância, uma das habilidades mais subestimadas dos gestores de obras sociais é sua capacidade de "vender" sua visão, seu modelo de atuação e seus programas. Estou me referindo ao ato de "vender" propriamente dito. A maioria detesta pedir dinheiro aos outros, mas, se não ultrapassar rapidamente essa barreira, acaba prejudicando a organização.

É normal que o gestor se concentre em conversas sobre o número de refeições servidas aos sem-teto ou a campanha para convencer um maior número de mulheres a fazer mamografia – quem trabalha em entidades beneficentes geralmente prefere falar sobre suas conquistas, mas o ideal é também se dedicar à captação de verbas. Essa parte do negócio ainda é tratada como uma atividade menor. O que as pessoas esquecem é que é preciso arrecadar dinheiro para pagar as refeições, as mamografias e os empregados que prestam esses serviços.

Assim como os vitorianos, que se recusavam a falar sobre dinheiro ou sexo, muitas obras filantrópicas atuam como se o dinheiro viesse de uma caixa-preta que não é bem compreendida e que certamente é melhor não discutir. Ignorar a realidade não vai fazê-la desaparecer. Se sua entidade assistencial tem fluxo de caixa negativo, vai acabar fracassando. Não adianta continuar com a cabeça enterrada na areia, presumindo que um cavaleiro vestido de branco virá salvá-la. Essa é uma fórmula para o desastre.

Eu sabia desde o primeiro dia que precisava ser um homem de vendas e me concentrar tanto na captação de recursos quanto no cumprimento do programa. Não poderíamos construir escolas se não tivéssemos como *bancar* escolas, nem poderíamos patrocinar bolsas de estudo se não tivéssemos doadores comprometidos a subvencioná-las a longo prazo.

Conhecia esses fatos porque eles tinham sido gravados no meu íntimo desde a mais tenra idade. No colégio e mais tarde, na universidade, tive a bênção de contar com professores que incutiram obsessivamente em cada estudante a importância do capital. Forçavam-nos a compreender modelos de fluxo de caixa com a intensidade de discípulos rabínicos estudando a Torá. Isso foi de grande ajuda em minha carreira corporativa, mas me deu uma vantagem comparativa ainda maior no mundo da filantropia.

TODA ORGANIZAÇÃO PRECISA TER COLABORADORES dedicados e com aptidão para vendas. Afinal, ela precisa levantar fundos para pagar as contas, se desenvolver e sobreviver. Por isso, é fundamental contar com pessoas que não tenham medo de "pedir" e que não aceitem "não" como resposta. Em caso de rejeição, façam como eu: "Não? Posso lhe pedir para trocar isso por 'ainda não'?"

Poucas empresas personificaram tão bem esse traço quanto a Microsoft nos seus primeiros anos. Não é o caso de discutir se ela foi ou não obstinada demais. O que posso dizer é que, em 1991, quando fui admitido, a empresa era mais seletiva que Harvard – sua taxa de aprovação era de menos de 5% dos candidatos. Como se isto não fosse suficiente para me deixar nervoso, descobri que a entrevista decisiva seria com Melinda French, na época a namorada de Bill Gates, o que significava que ela devia ter a mente afiada como navalha.

Como eu teria de me reportar a ela no cargo a que estava me candidatando, cabia a Melinda a decisão de me contratar ou não. Na manhã da entrevista, acordei cedo para dar uma corrida nas trilhas arborizadas dos terrenos da Microsoft. Minha intenção era limpar a mente, mas a verdade é que ela acabou se enchendo com as possíveis perguntas que Melinda poderia fazer:

- Por que sua experiência em administração financeira é relevante para a Microsoft? (A primeira resposta que despontou em minha cabeça foi: "Ela não é absolutamente relevante. De maneira nenhuma.")
- Me prove que tem pelo menos uma remota compreensão da indústria do software. ("Eu realmente não tenho. Mas, hã... estou disposto a aprender.")
- Por que eu devo contratar você em vez de um dos outros cinco finalistas? ("Não tenho certeza, já que o protocolo da entrevista me proíbe de ter contato com algum deles e não tenho dúvida de que todos são ótimas pessoas.")

Óbvio que eu tinha de me sair melhor que isso. Precisava demonstrar autoconfiança para vender a mim mesmo. E daí, se eu vinha do mundo das finanças? Afinal, meu trabalho no banco era desenvolver relacionamentos com novos clientes, no que fui muito bem-sucedido. Se eu podia vender algo tão enfadonho quanto uma linha de crédito bancário, poderia certamente arrebentar a boca do balão com um produto empolgante como um software.

Concentrado no que deveria falar na entrevista, quase tropecei em um esquilo que cruzava a trilha, pois meu passo acelerou enquanto eu me preparava psicologicamente para a batalha. A Microsoft era famosa por fazer perguntas difíceis, como "explique por que as tampas dos bueiros são redondas" ou "faça uma estimativa do número de bolas de basquete vendidas anualmente nos Estados

Unidos e me esclareça sobre sua metodologia e suposições para chegar a tal estimativa".

Minha cabeça girava com tantas suposições, mas forcei minha mente a voltar à cena da batalha. Não tenho problemas em lidar com hipóteses. Só errei na armadura, um terno e gravata que me fez sentir uma fraude ao cruzar com programadores de shorts e camisas pólo, sentados na margem do laguinho. Muitos atiraram olhares divertidos ao pobre coitado que ia ser entrevistado. Até hoje ainda não entendi por que o departamento de Recursos Humanos não manda os candidatos se vestirem de forma casual.

No início dos anos 1990, antes que as roupas cáqui entrassem na moda, eram raras as empresas com um código de vestimenta descontraído. Na verdade, o RH destacou durante a fase de seleção inicial que o importante era trabalhar em um ambiente informal onde o cérebro estivesse livre para flutuar. Quando perguntei se devia ir de paletó à entrevista, ouvi a seguinte frase: "Você faz o que achar melhor." Agora, ao caminhar pelo campus da empresa, lamentei a escolha da indumentária.

Felizmente, quando cheguei ao chamado Bloco 16, Melinda me colocou à vontade dizendo que eu tinha um currículo impressionante e que era um forte candidato. Ela era mais jovem do que eu tinha imaginado e muito atraente. Olhos castanhos brilhantes contrastavam com a pele bronzeada e o cabelo preto caindo nos ombros. Estava vestida informalmente: camisa branca de malha de manga curta, calça cáqui e sandálias. Eu me desculpei por estar de paletó. Ela riu e disse que não sabia por que o RH não recomendava que os entrevistados fossem mais à vontade. Antes que eu pudesse comentar algo, fui imprensado contra a parede por sua primeira pergunta:

– A atividade bancária não parece uma indústria capaz de atrair gente agressiva ou perseverante. Conte uma história de sua carreira no Continental Bank que ilustre que você é diferente.

Respirei fundo e celebrei internamente, pois eu já esperava uma pergunta como aquela. Aí partilhei com Melinda a história de como conseguira uma conta grande e difícil: Weirton Steel.

TRÊS MESES DEPOIS DE ME FORMAR, EM 1989, concluí o programa de treinamento interno do Continental Bank. O último dia foi o mais tenso, pois os 30 estagiários sabiam que seriam anunciados os cargos que ocupariam nos próximos dois anos. O presente de conclusão do curso podia ser uma placa de ouro ou uma bomba.

Durante minha entrevista final, vibrei ao saber que fora designado para um grupo denominado *Mideast States*. Como globetrotter entusiasmado, fiquei empolgado com a perspectiva de fazer negócios em lugares como Dubai, Arábia Saudita e Kuwait, no Oriente Médio. Meu gerente rapidamente acabou com minha ilusão ao me informar que o banco definia *Mideast* como "Meio-Leste", uma área que se estendia da Virgínia Ocidental à Pensilvânia, atingindo também os estados de Ohio e Kentucky. Em outras palavras, nada que precisasse de passaporte.

Recebi de meu novo chefe, Rick, uma lista de companhias com as quais queria estabelecer um vínculo, que até então não conseguira. Reconheci uma dessas empresas, a Weirton Steel, um parque siderúrgico recém-saído de uma crise financeira graças à compra de parte das ações pelos empregados. Esta estratégia foi semelhante à empregada pela United Airlines, e as publicações de negócios já alardeavam a figura do empregado-patrão como a próxima onda. Peguei o telefone, liguei para o departamento de Relações Públicas da Weirton e perguntei qual era a data da próxima assembléia anual da companhia. Bem, parecia que eu ia conhecer Weirton, na Virgínia Ocidental, daí a duas semanas.

POUCAS EXPERIÊNCIAS PODEM SER TÃO miseráveis quanto acordar a tempo de pegar um vôo saindo às seis da manhã do aeroporto O'Hare, em Chicago, especialmente quando todos os lugares do avião estão ocupados e todo mundo disputa espaço para suas bagagens de mão no compartimento sobre as poltronas. Ah, as glórias de viajar a negócios. As aeromoças da American Airlines pareciam tão pouco satisfeitas com aquela situação quanto os passageiros, e, como elas controlavam o suprimento de suco de laranja e café, nosso destino estava em suas mãos. Como o avião começou a descer antes que o pobre coitado da poltrona 47F fosse servido, cheguei cansado a Pittsburgh, faminto e me perguntando quando na vida eu teria nível para me sentar nas primeiras filas do avião.

Após um dia cheio de reuniões, dirigi uma hora até a industrial e enfumaçada Weirton. A sede da siderúrgica ficava no centro da cidade e, a julgar pelo notável número de lojas vazias com placas de "Passa-se o ponto", era óbvio que aquela cidade precisava de sua fábrica e dos 2.000 empregos que ela fornecia.

Chegando ao local onde se realizaria a assembléia, procurei por Rick, o cordial RP com quem eu havia conversado. Ele me acompanhou até as mesinhas à disposição dos convidados, onde havia um prato de biscoitos e latas de cerveja. Enquanto conversávamos, comentei que estava impressionado por ver a equipe da TV local gravando uma reportagem sobre a assembléia anual. Quando ele me perguntou ao que eu estava me referindo, apontei para um homem com uma câmera de vídeo. Rick explicou que era um funcionário gravando a assembléia geral anual para um programa chamado *Weirton, News and Views* (Weirton, Notícias e Pontos de Vista).

– *News and Views* é um programa diário de poucos minutos de duração que é transmitido pela manhã nos locais de trabalho. Como os funcionários aceitaram um corte nos salários em troca de uma participação no negócio, queremos que fiquem informados de como a companhia está indo. Muitos começam a trabalhar cedo e não podem estar aqui neste encontro, daí a importância do noticiário.

Expressei admiração pela idéia e perguntei se a diretoria também assistia ao *News and Views.* Rick respondeu que sim. Então uma idéia surgiu em minha cabeça.

– Rick, você é o responsável pela comunicação interna e externa, certo? – Ele abanou a cabeça. – Não acha que seria interessante que os funcionários soubessem que o executivo de um grande banco de Chicago ficou tão impressionado com o plano de participação acionária a ponto de voar até aqui para saber mais acerca da companhia?

Em vez de abanar a cabeça, Rick fez um gesto vibrante mandando o cinegrafista se aproximar. Três minutos mais tarde, estávamos gravando:

Rick: – Então, John, conte-nos por que o alto executivo de um banco viria de Chicago para visitar uma siderúrgica que muitos consideram sem chance de sobreviver.

Respondi: – O fato de os funcionários da Weirton aceitarem reduções nos salários para assumir parte do controle acionário foi notícia de ponta a ponta do país. Não é muito freqüente que executivos e funcionários resolvam se unir numa aposta financeira que expresse uma fé comum no futuro de uma empresa. O Continental Bank procura se relacionar com empresas inovadoras e a Weirton, sem a menor dúvida, nos impressionou com sua lúcida estratégia de unir todos os colaboradores na construção de uma empresa competitiva e de uma comunidade forte numa época em que tantos estão fechando as portas. Estamos muito interessados em construir um forte relacionamento bancário com a empresa.

Achei ter soado pouco convincente, mas Rick garantiu que acertáramos de estalo, o que era uma boa coisa, pois o encontro já estava começando. Logo eu estava dirigindo de volta a Pittsburgh já noite fechada. Na manhã seguinte, minha secretária ligou para dizer que eu recebera um fax do assistente da tesouraria da Weirton, Sr. "Pat" Pasupathi. Ele sugeria que almoçássemos em minha próxima viagem à região. Mal ela concluíra a frase e meu chefe, Rick, tirava o telefone de sua mão.

– Como conseguiu fisgar esses caras tão depressa? – ele perguntou.

– Preferia lhe contar pessoalmente... É uma história boa demais para não ser compartilhada pessoalmente. O que posso adiantar é que o nome do nosso banco é agora bem conhecido pela diretoria da empresa.

Três meses depois, assinamos um contrato para fornecer à companhia uma linha de crédito de US$25 milhões.

Melinda deve ter gostado da história; recebi uma oferta de trabalho uma semana depois de voltar a Chicago. De fato, a obstinação marcou minha carreira na Microsoft e, mais tarde, na Room to Read. Da mesma forma que trabalhei longas horas para ampliar a fatia de mercado da Microsoft nos complementos do Office (Word, Excel, etc.), conseguindo atingir 85% em menos de dois anos, também me dediquei arduamente a fazer a Room to Read decolar.

A verdade é que sempre encarei cada encontro como mais uma oportunidade de fazer negócios – no caso da Room to Read, de falar sobre nossos projetos. Minha esperança era que a paixão de mudar o mundo através da educação fosse contagiosa e que o indivíduo sobre quem eu jogasse minha lábia concordasse entusiasticamente em dar uma ajuda à causa.

POR MAIS QUE EU CONFIASSE NAS MINHAS habilidades de venda, ainda ficava nervoso quando se tratava de pedir dinheiro às pessoas. Uma coisa é você pedir emprestado ao vizinho um alicate para cortar um arame; outra, completamente diferente, é solicitar uma grande doação da qual a pessoa não terá qualquer retorno palpável – a não ser uma melhoria do carma ou a sensação de ter feito a coisa certa. Nos primeiros tempos, tentando me preparar psicologicamente para a tarefa, revia os cinco princípios essenciais antes de encontros com possíveis doadores:

- Se os doadores têm boa situação financeira, é provável que tenham conquistado isso graças à educação. Insista no fato de que eles agora têm a oportunidade de devolver a centenas de crianças carentes parte do que receberam.
- Mostrar a conexão que existe entre o valor doado e aquilo que ele cria. Há um elo de causa e efeito entre uma doação de US$ 8.000 e uma nova escola no Nepal. Algumas pessoas não gostam de dar dinheiro para obras sociais porque não sabem para onde o dinheiro vai. Em nosso caso, podemos

mostrar exatamente para onde o dinheiro foi. A coisa é tão tangível que podemos enviar fotos, ou eles podem ir pessoalmente visitar a escola ou biblioteca.

- Manter baixa a despesa de custo, mostrando que mais de 90% da quantia vai para os projetos, e não para despesas administrativas e de levantamento de fundos.
- A paixão vende. Ela anda meio escassa no mundo, mas, quando as pessoas encontram alguém apaixonado, este realmente se destaca. Quando digo aos doadores que larguei uma carreira lucrativa no mundo da tecnologia para me dedicar em tempo integral a esta causa, e por pagamento zero, isso causa um eco.
- Muita gente está em busca de maior significado para sua vida. Financiar a educação proporciona o sentimento de que se ajudou a mudar o mundo para melhor.

Antes dos encontros mais importantes, sempre passava essa lista em revista. E o resultado era quase sempre positivo. Quanto mais sins eu ouvia, mais confiante eu ficava. Sentia-me lisonjeado por ver tanta gente dando apoio ao Room to Read, mas também percebia quanto eu precisava trabalhar. Se alguém está abrindo a carteira porque acredita que vou saber usar os recursos com sabedoria, sem dúvida isso coloca minha honra pessoal e profissional à prova.

É difícil conquistar uma reputação, mas é muito fácil perdê-la. Se eu provasse que era capaz de dispor de forma criteriosa dos fundos dos doadores, as possibilidades da Room to Read seriam ilimitadas. É como um círculo virtuoso: doadores satisfeitos repetiriam a dose, falariam aos amigos sobre o "seu projeto" e os estimulariam a investir. Essa dinâmica virtuosa facilitaria o processo de captação de doações.

Nos primeiros tempos, minha pulsação ainda se acelerava quando se aproximava o momento de formular o pedido de verba: "Temos grandes sonhos e preciso lhe pedir apoio financeiro para nos ajudar a atingi-los." Para me ajudar a relaxar, eu visualizava uma aldeia que precisava de uma nova escola ou de uma biblioteca, ou uma menina que não estava na escola devido à discriminação econômica. Essas imagens funcionavam como um poderoso estimulante.

ESPERANÇA E OTIMISMO, NÃO FATALISMO E TRISTEZA

Sou capaz de fazer praticamente qualquer coisa para ajudar a Room to Read a construir mais escolas e bibliotecas. Contudo, evito conscientemente uma técnica usada por outras obras sociais, aparentemente com bom resultado, que eu denomino "mundo cão".

Todos sabem que há pobreza no mundo e isso é motivo de tristeza. Algumas obras sociais acham eficiente mostrar fotos de crianças cobertas de moscas ou de uma família subnutrida deitada na terra batida. Acho humilhante para os pobres o uso da piedade para solicitar doações. Essas imagens negam a dignidade inerente ao ser humano. Posso estar errado, mas acho que a culpa não deve ser usada como ferramenta de marketing.

Essa postura é do interesse das obras de caridade, pois doadores potenciais querem esperança e otimismo em suas vidas. Se os abordamos com imagens de uma pessoa pobre, é provável que fiquem tristes, mas podem não tomar qualquer atitude. Se, em vez disso, mostramos uma criança com um chapéu e uma túnica de formatura ou uma menininha sorrindo como resultado de uma bem-sucedida cirurgia na fenda palatina, ou mesmo lavradores usando um novo poço artesiano, é mais provável que as pessoas compartilhem esse otimismo doando para a causa.

Precisamos formar cidadãos conscientes das terríveis condições em que vive boa parte da humanidade. Mas deixo isso para a CNN e a BBC e presumo que meus doadores sejam suficientemente inteligentes para conhecer a situação do mundo hoje. Prefiro oferecer uma solução e pedir aos doadores potenciais e voluntários que sejam parte dela. As lágrimas que derramarmos devem ser lágrimas de alegria, no dia em que abrirmos uma nova escola ou presentearmos 50 meninas na área rural do Vietnã com suas bolsas de estudo.

CAPÍTULO 11

PRÓXIMA PARADA: VIETNÃ

EM 2001, NOSSOS PROGRAMAS NO NEPAL estabelecidos e em contínuo crescimento, comecei a me empenhar na expansão da Room to Read. Com tantos países enfrentando problemas de analfabetismo, eu costumava visualizar os lugares por onde tinha viajado que sofriam com a falta de escolas, bibliotecas, livros e até mesmo de coisas simples como lápis e borrachas – e o Vietnã me intrigava.

Devastado por numerosas guerras, pelo isolamento internacional e pela miséria, o país tinha tudo para ser pessimista e voltado para dentro. Os vietnamitas, no entanto, se mantinham otimistas e tinham fé em que a educação era o caminho para escapar da pobreza. O salário médio podia ser de apenas US$ 1 por dia, mas as pessoas acreditavam que, se conseguissem educar os filhos, logo estariam ganhando US$ 2, depois US$ 3.

Na verdade, o que me ajudou a escolher o Vietnã para atuar na reconstrução de sua infra-estrutura educacional foi um rapaz chamado Vu.

EM 1997, EU FIZ UMA VIAGEM DE DUAS SEMANAS pelo Vietnã. Uma viagem de negócios a Hanói no ano anterior aguçara meu interesse, pois durante as febris 48 horas que passei lá eu invejei os mochileiros que tinham tempo para se sentar nas mesinhas dos bares e tomar o forte café local, ou sorver o *pho* (sopa tipo miojo) enquanto folheavam o guia de viagens Lonely Planet para planejar o próximo destino.

Eu estava ali com todas as despesas pagas, mas será que estava *realmente* vivendo a experiência?

Um ano mais tarde, voltei para conhecer o país de verdade. Mais importante que ter um descanso do ritmo frenético da Microsoft, estava ansioso para relaxar e refletir sobre meu futuro. Minha meta era começar em Saigon e ir subindo pelo reino encantado comunista. Os dias no Vietnã eram tranqüilos e pouca coisa acontecia. Em geral, eu aproveitava as manhãs para fazer anotações no meu diário enquanto tomava uma xícara de café.

No quarto dia, em Hue, meu ritual matinal foi interrompido por um adolescente vietnamita, talvez de uns 17 anos, que se aproximou e perguntou se podia sentar à minha mesa. "Claro, por favor, fique à vontade", respondi. Ele puxou a cadeira e se sentou. Tinha o cabelo preto bem cortado e uma expressão simpática, típica de quem ainda não deixou que as preocupações da vida deixassem suas marcas. Usava calça azul de algodão, camisa branca de mangas curtas e sandálias de plástico.

– Meu nome é Nguyen Thai Vu, mas pode me chamar de Vu. É mais fácil.

– É um prazer conhecê-lo, Vu. Meu nome é John. Venho dos Estados Unidos.

– Bom, porque quero praticar meu inglês com você. Não se incomoda?

– Claro que não. Mas não sei até que ponto você precisa praticar, porque seu inglês é impecável.

– Ah, não, não é assim tão bom! – disse ele com uma modéstia sincera. – Você vê, este hotel é pequeno, não tem muitos hóspedes, por isso pratico menos do que gostaria.

– Trabalha aqui?

– Sim, talvez você não tenha me visto porque trabalho no turno da noite. Mas vi no registro que você vai passar três dias aqui, por isso talvez se torne meu amigo e toda manhã possamos praticar meu inglês.

Eu gostaria de ajudá-lo, mas minha idéia de férias era estar livre de encontros marcados e reuniões, e ele sugeria um compromisso para cada dia de minha estada ali. Mudei rapidamente de assunto apontando para um livro já bem manuseado, cheio de orelhas, que ele pousara na mesa, intitulado *Learning Microsoft Excel* (Aprendendo o Microsoft Excel), e perguntei se ele estava estudando informática além do inglês.

– Sim, estudo informática. Computadores são importantes para o Vietnã continuar a se desenvolver e ficar ligado ao resto do mundo.

– Sabe de uma coisa, Vu? Na realidade, eu trabalho na Microsoft e parte de minha responsabilidade é vender o Microsoft Excel.

Seus olhos se iluminaram.

– Sério? Trabalha na Microsoft? Então deve ser muito inteligente. É uma das maiores companhias do mundo.

– Bem, eles são bons, mas há certas desvantagens em trabalhar lá.

– Ouvi falar de Bill Gates. Ele é um homem muito inteligente. Você tem de conhecer meu curso de informática.

– Gostaria muito. Talvez mais para o final do dia ou amanhã – disse eu, tentando preservar aquele precioso momento da manhã.

– Não. Vamos agora! Espere aqui, eu já volto.

Deu um salto e foi embora, sem mais explicações. Pedi outra xícara de café, mas Vu chegou antes dela, roncando no pátio numa lambreta Honda, parecendo uma versão vietnamita de James Dean. Fez um entusiasmado movimento de "pule a bordo".

– Venha, vamos até o meu curso.

Comentei que ele só tinha demorado alguns segundos para pegar sua moto.

– Não é minha. É de um amigo. Eu disse que você era um hóspede importante que precisava ir até o curso de informática e ele me emprestou. Suba, vamos!

Com medo de que meu garçom vietnamita pudesse achar que eu tinha "dado no pé" depois de pedir outra xícara de café, deixei 20 mil dongs em cima da mesa e abandonei o plano original de uma manhã relaxada. Pulei na garupa e senti a vida subir numa corda bamba. Sem dúvida, aquelas motos não eram projetadas para as grandes constituições físicas americanas. Preocupado em não deixar o motor morrer, Vu saiu roncando em meio ao tráfego. Achei melhor nem perguntar se ele tinha carteira de habilitação.

EM MEIO A UMA NUVEM DE POEIRA, freamos bruscamente, cinco minutos mais tarde, na frente da Computer Academy. O curso ocupava uma única sala, com 15 micros alinhados em três fileiras, e era dirigido pelo professor Than, um homem simpático de cinqüenta e poucos anos que melhorava o seu salário da universidade.

Vu me apresentou, orgulhoso:

– Meu novo amigo John, da Microsoft, vai me ensinar a usar o Excel.

Eu não soube o que dizer, pois numa sociedade confuciana os professores devem ser reverenciados e eu não queria que o professor Than me considerasse um jovem arrogante, que considerava suas lições mais valiosas que as dele. Mas o professor sorriu, agarrou meu braço e, com uma expressão de orgulho, me levou à melhor máquina da casa.

– Este é o único que pode rodar o Windows 95.

Estremeci ante a idéia de que o principal produto de minha companhia exigia tanta memória que mais de 90% dos micros do curso não podiam usá-lo. Voltei o foco da nossa conversa para o Excel.

– Tudo bem, Vu, para começar quero lhe mostrar como mover uma coluna de números de uma seção da planilha para outra. Você clica na coluna que deseja mover, depois em "Alt" "Editar" "Recortar", depois clica na seção da planilha para onde você quer levar a coluna e clica em "Alt" mais "Enter" mais "Colar".

– Não, é mais fácil desse jeito... – disse Vu. Assumindo o controle do teclado, ele me mostrou um modo de fazer a mesma operação com um número menor de passos. Usou "teclas de atalhos" que eu nem sabia que existiam.

– Uau, você é bom nisso, Vu. E o professor Than, é óbvio que está ensinando bem seus alunos.

– Não, não sou assim tão inteligente – declarou Vu. – Você trabalha na Microsoft, é mais inteligente que eu.

Decidi mostrar uma operação mais complicada, em uma patética tentativa de salvar as aparências. De novo, depois que completei um processo multipasso, Vu me mostrou o atalho que usava. Nesse ponto, sugeri que voltássemos às lições de inglês, onde talvez eu tivesse possibilidade de ter alguma coisa para ensinar. Agradecemos ao professor Than e saímos para a manhã quente. Eu já estava em dúvida sobre quem era o professor e quem era o aluno.

De volta à lambreta, Vu me perguntou se podia me levar para tomar um café em substituição ao que me fora confiscado. Interessado em ficar sabendo mais sobre um rapaz tão brilhante, concordei de imediato. Antes mesmo de nos sentarmos, comecei a cobri-lo de perguntas. Onde fizera a escola secundária? Qual era o nível de educação dos pais? De quanto tempo dispunha para praticar seus estudos de informática, já que tinha um emprego em tempo integral? Ele parecia ansioso para compartilhar os detalhes de sua vida:

– Fui criado perto de Hue, a uns 25km daqui. Meus pais eram lavradores e não freqüentaram a escola, mas sempre disseram a mim e ao meu irmão caçula... o nome dele é Bang... que a instrução era a coisa mais importante. Eles diziam "estudem inglês, estudem informática". Um dia espero ir para a universidade, mas por enquanto não posso me dar a esse luxo, por isso trabalho no hotel e tento estudar um pouco de inglês, um pouco de computadores.

Perguntei sobre o trabalho no hotel, se aquilo lhe deixava tempo suficiente para estudar e se ele ia conseguir poupar o suficiente para bancar uma faculdade.

– Trabalho no hotel das seis da tarde às sete da manhã, seis dias por semana. Freqüento o curso de informática nas segundas, quartas e sextas-feiras. Sei que tenho de estudar, ou nunca vou ter um bom emprego. Estou aprendendo Excel, mas também quero aprender o Access da Microsoft. Gosto de trabalhar no hotel porque posso praticar meu inglês. Além disso, trabalhando aqui, posso estudar enquanto os hóspedes estão dormindo e não fazem pedidos. Sei que tenho de estudar muito. Depois de aprender informática, quero ficar bom no japonês.

Perguntei se havia muitos turistas japoneses no Vietnã.

– Ainda não, mas futuramente será importante. Empresas japonesas vão investir aqui, por isso haverá empregos e também virão turistas.

– O hotel paga bem? Você consegue se sustentar?

– Tiro US$ 23 por mês. Meu curso de informática custa US$ 15 e, como dou US$ 5 para ajudar os meus pais, sobram US$ 3. Faço duas refeições por dia no hotel e não preciso pagar aluguel.

– Você dorme onde?

– Eu uso um quarto nos fundos do hotel. Durmo quatro ou cinco horas por dia, não mais. No resto do tempo eu estudo.

– Mas, Vu, com US$ 3 não dá para viver. São 10 centavos por dia. E você deve precisar de coisas como gasolina para a moto de seu amigo quando você a pega emprestada e outras despesas.

– Sim, como convidar meus amigos para um café. – Ele sorriu e gritou em vietnamita pedindo a conta.

– Vu, é claro que você não está me pagando o café.

– Sim, estou – ele declarou enfaticamente. – Você é meu amigo. Não pode dizer não. Além disso, eu falo vietnamita e você não, por isso a mulher vai atender a mim.

– Tudo bem, obrigado. Mas me fale mais. Quero saber se você pratica muito no computador. Como conseguiu ficar tão bom no Excel?

– Pratico o máximo que posso. Mas o curso nos cobra uma taxa pelo uso das máquinas. Gira em torno de 1.000 dongs por hora. Com o dinheiro que me sobra, posso pagar três horas por semana no computador. Gostaria de poder ficar mais tempo.

Fiz as contas várias vezes em minha cabeça, porque era difícil admitir que uma soma tão pequena pudesse representar a diferença entre receber ou não receber uma formação. Então conferi a taxa de câmbio do dia e minha matemática com Vu. Sim, 10 centavos.

– Talvez eu possa ajudá-lo pagando algumas aulas.

– Não. Se fizer isso, não é meu amigo. Vamos, vamos agora.

Eu havia atingido um nervo. Seu orgulho não lhe permitiria aceitar uma ajuda. Aquilo me afetou, porque uma soma que para mim era troco poderia permitir que ele ficasse muito mais tempo no computador. Mas eu não ia desistir assim tão facilmente. Vu era obstinado, mas conheci poucas pessoas na vida capazes de se igualar a mim neste departamento.

NAQUELA NOITE, AO SAIR PARA JANTAR, parei no balcão para deixar minha chave. Vu estava lendo o manual de uma calculadora Casio.

– Você tem uma dessas? – perguntei.

– Não, algum hóspede esqueceu o manual. Estava lendo porque quero aprender eletrônica. Já li quatro vezes.

Ouvir aquilo me deixou emocionado. Lá estava um garoto tão ansioso para aprender que seria capaz de ler qualquer coisa que caísse diante de seus olhos, por mais indecifrável que pudesse parecer. Isso me fez perceber como eu era afortunado. Recentemente ficara chateado por ter de comprar uma estante para acomodar minhas novas aquisições. Se todos os "problemas" na vida de Vu fossem como esse.

Na manhã seguinte, no caminho para o café da manhã, parei no balcão e pedi que Vu se encontrasse comigo logo que seu turno terminasse. Quando ele se sentou à minha mesa, pedi um refrigerante para ele. Num francês rudimentar, fiz o pedido ao cordial octogenário que tomava conta da cafeteria. Ao tomar a iniciativa do pedido, esperei ter controle sobre o pagamento da conta. Disse a Vu que tinha ficado sem nenhum livro para ler e perguntei se ele conhecia alguma livraria que trabalhasse com livros em inglês. Antes da chegada de seu refrigerante, ele saiu correndo para pegar de novo emprestada a moto do amigo.

Meu plano secreto era comprar para Vu uma quantidade de livros sobre tecnologia que lhe permitisse continuar estudando sozinho. Na livraria, mantive um olho na seleção um tanto rala dos livros em inglês que eu ia examinando e outro em Vu. Claro, o livro que Vu estava folheando numa prateleira próxima era um moderno, grosso e atualizado guia do Excel.

Orgulhoso de minha astúcia, fiz um comentário para estimulá-lo.

– Parece um belo guia de estudo do Excel.

Vu tornou a pousar o livro na prateleira.

– Sim, é muito bom. Encontrou alguma coisa em inglês?

– Não, não tive sorte. Mas que tal se comprarmos este para você? – sugeri pegando o livro do Excel.

– Não, se fizer isso não é meu amigo! – Ele me tirou o livro. Com uma das mãos fez o livro bater de novo na prateleira e com a outra agarrou meu braço e me levou para fora da loja.

Como poderia ajudá-lo? Estava impressionado pelo fato de ele não estar querendo nada de mim e pelo valor que dava à sua independência. Eu queria que Vu realizasse seu sonho de receber uma formação completa, e ele não estava tornando as coisas fáceis.

AQUELA ERA A MINHA ÚLTIMA NOITE EM HUE e estava na hora de mastigar alguma coisa. Fui até meu restaurante preferido, um pequeno estabelecimento com mesinhas e cadeiras de plástico, nas margens do rio Perfume, dirigido por uma família. O sol tinha se posto e o calor do dia começava a se dissipar. Tentei fazer anotações sobre Vu no meu diário, mas minha mente estava agitada. Eu ainda não descobrira como poderia contribuir para seus estudos. Assim que deixasse a cidade, não teria mais oportunidade de ajudar. Pedi uma cerveja bem gelada e deixei a cabeça divagar um pouco, na esperança de que alguma solução me ocorresse.

Lembrei minha primeira experiência com computadores, aos 17 anos de idade. Meu colégio tinha acabado de adquirir dois computadores Commodore PET, cada um com 64 K de memória. O Sr. Tidlow vivia atarefado ensinando física e trigonometria, mas de alguma forma conseguiu arranjar tempo para nos ensinar a fazer programas em Basic. Aquele tipo de raciocínio exerceu um forte apelo sobre a parte de mim que gosta de estruturas lógicas e de clareza matemática. Logo comecei a elaborar programas para ajudar a firma de meu pai a planejar suas estratégias de investimento e a prever sua rentabilidade.

Ali em Hue havia um estudante igualmente jovem e entusiasmado. Por causa de uma pequena soma de dinheiro, sua educação andava incompleta. Talvez eu pudesse ajudá-lo a conseguir uma bolsa de estudo. Será que existiam tais coisas? Como saber onde achar uma bolsa?

De repente, surgiu a idéia. Claro! Não importava se existiam programas de bolsas de estudo para vietnamitas; estava ao meu alcance criar a oportunidade. Rasguei febrilmente uma página do diário e peguei uma caneta.

> Caro Nguyen Thai Vu,
>
> Como funcionário da Microsoft, fui autorizado por Bill Gates a fornecer bolsas em dinheiro em ciência da computação para jovens estudantes promissores no Vietnã. Você é um estudante inteligente, por isso desejamos dar-lhe o suporte necessário para sua educação. Por favor, aceite a soma aqui incluída como "subvenção para estudo". Ela pode ser usada para a compra de livros ou para pagar o tempo de utilização de computadores.
>
> Eu e a Microsoft nos sentimos honrados em apoiá-lo. O desenvolvimento contínuo de seu país repousa na educação e esperamos que esta subvenção o ajude não apenas nos seus estudos, mas também a auxiliar o Vietnã a se articular com o resto do mundo.
>
> Tudo de bom para você. Continue estudando com afinco e, por favor, me escreva informando sobre o seu progresso.

Satisfeito com minha presença de espírito, assinei meu nome e pus uma nota amarrotada de US$ 20 em um envelope. Para celebrar, pedi uma segunda cerveja e um peixe defumado com arroz. Fiquei imaginando como seria a reação dele. Ao retornar ao hotel, pus em prática a estratégia que devia colocar Vu em xeque-mate. Quando ele me deu a chave do quarto, passei-lhe o envelope.

– Quero que me faça um favor, está bem? Você é meu amigo e espero que cumpra o que vou lhe pedir. – Vu moveu a cabeça devagar. – Não quero que abra isto até eu estar no andar de cima e não quero que converse comigo sobre isto antes de amanhã de manhã, tudo bem? – Ele pareceu confuso, mas concordou com os termos.

– Toma café comigo de manhã, antes de ir para Hoi An, está certo? – ele perguntou quando comecei a subir a escada. Concordei e fui para o quarto fazer a mala.

Cinco minutos depois, ouvi uma batida na minha porta. Era Vu. Ele entrou no meu quarto, ainda lendo o comunicado. Eu estava com medo de que fosse orgulhoso demais para aceitar o dinheiro da bolsa de estudo e reparei que tinha lágrimas nos olhos.

– Se a Microsoft acha que eu sou um bom estudante, então vou estudar ainda mais. Vou lhe mandar relatórios sobre como estou me saindo. Estou muito feliz porque agora vou poder estudar mais e passar mais tempo nos computadores.

Com isso, deu uma rápida volta de 180 graus, garantiu que ia me acordar às 7h para um café de despedida e fechou a porta. Nesse momento, eu é que desabei na cama e comecei a chorar; lágrimas de alegria, de esperança e de otimismo por ter criado um vínculo que transcende as palavras.

No dia seguinte, Vu me acordou na hora marcada com uma batida na porta e entrou como se fôssemos colegas de quarto. Ele trazia uma sacola.

– Isto é para você.

– O que é? Água? E por que tanto refrigerante Seven Up?

– Hoje vai fazer calor – ele anunciou, como se no Vietnã não fizesse calor *todo* dia.

– Por que trouxe isso, Vu?

– Porque hoje você vai fazer uma viagem de seis horas e vai precisar de água. E sei que gosta de Seven Up porque é o que sempre vejo você tomar.

– Mas, Vu, você não está autorizado a gastar o dinheiro da sua bolsa comigo. Tem de gastá-lo em seus estudos.

– Não se preocupe com isso.

– Vou ter de fazer queixa de você ao Bill Gates.

Demos uma risada e descemos para nosso café de despedida. Quando estendi a mão para pegar a carteira, ele me informou que já estava pago. Indefeso, tomei meu café de despedida. Vu então me passou uma foto sua em papel brilhante. Estava parado ao lado do balcão da recepção do hotel, todo empinado. Conseguira uma câmera na tarde anterior para que "meu amigo John se lembre de como era seu amigo Vu".

Quando nos despedimos, Vu me fez prometer que eu manteria contato e que um dia voltaria a Hue.

– Vai ficar muito orgulhoso de mim. Logo vou ser professor e vou ajudar o Vietnã a se desenvolver.

Concordei, prometendo que voltaria ao Vietnã e que continuaríamos amigos até o fim de nossas vidas. Conhecíamo-nos havia somente dois dias, mas, quando acenei dando adeus, foi como se estivesse me separando de um irmão caçula.

EMBORA NA ÉPOCA EU NÃO SOUBESSE DISSO, uma peça do quebra-cabeça tinha entrado no lugar. Não tenho certeza se as esperanças e os sonhos de uma pessoa podem representar os de uma nação inteira, mas por causa de Vu fiquei fortemente inclinado a transformar o Vietnã no segundo teatro de operações da Room to Read.

Seria ingenuidade imaginar que, depois de poucas semanas conhecendo um país estrangeiro, eu compreenderia sua complexidade. Isso é especialmente verdadeiro para um americano no Vietnã – não compreendíamos o país quando o invadimos nos anos 1960 e saímos de lá, 11 anos depois, sem entender a razão de nossa derrota. Por isso meu primeiro objetivo foi encontrar alguém com experiência no país que pudesse desenvolver um plano de ação para a Room to Read no Vietnã. Centenas de milhares de Vus estavam à nossa espera.

O PROGRESSO DE VU

Ao continuar os estudos, Vu deixou orgulhosos seus pais e a mim. De fato, ele não parou desde nosso primeiro encontro em 1997. Por mais de um ano após minha primeira viagem ao Vietnã, ele me

colocou a par de suas notas no curso de informática do professor Than: 92 em Word, 99 em Excel e 96 em Windows. "Prometo que vou me empenhar mais no Microsoft Word", ele escreveu, como se tirar 92 fosse algo de que a pessoa devesse se envergonhar.

Em 1999, ele começou a estudar o Access. Uma amiga minha estava visitando o Vietnã e pedi que ela se encontrasse com Vu em Hue e lhe passasse mais algum dinheiro para sua bolsa de estudo. O acesso à internet ainda era esporádico e caro para os padrões locais, e era arriscado enviar dinheiro pelo correio.

Assim que chegou a Hue, ela viu um jovem vestindo uma camiseta com o slogan www.microsoft.com.au (uma relíquia de meus dias na Microsoft da Austrália).

– Você é Vu? – ela perguntou.

– Não, mas o conheço. Posso levá-la até ele.

Foi assim que ela se encontrou com Vu, ouviu seus relatos sobre os estudos e lhe passou os US$ 50 que eu tinha mandado. Um ano depois, ele me escreveu para dizer que queria estudar inglês, francês e japonês. Em seguida, perguntei em que ordem pretendia aprender essas línguas. Eu não devia ter ficado espantado, dada sua fome de conhecimento, quando ele respondeu que planejava estudar as três línguas ao mesmo tempo. Respondi que estava disposto a bancar parte de um curso universitário, mas que ele teria de mergulhar de cabeça nos estudos.

Ao se formar, Vu conseguiu um bom cargo nas Ferrovias Nacionais do Vietnã. O turismo tem se desenvolvido rapidamente no país e já é uma das maiores fontes de entrada de moeda estrangeira. Graças a Vu, milhares de viajantes têm hoje a grata surpresa de serem saudados com um cordial *bonjour, madame*, *konichiwa* ou *good morning* pelo pessoal das ferrovias vietnamitas.

A competência de Vu na informática continua rendendo dividendos. Ele tem uma coluna no jornal *Informatics*, que lhe rende US$ 25 adicionais, religiosamente poupados para a educação de sua filha de cinco anos, Thao, que já aprendeu a dizer "Alô, John", numa prévia da recepção que terei quando voltar ao país. "Escrevo principalmente sobre os macetes do Windows e do Office, assim como sobre o emprego dos novos softwares. Gosto muito disto!", ele me conta em um e-mail.

Em 2005, Vu escreveu para me dizer que tinha decidido entrar num curso de pós-graduação de engenharia de software no Instituto Aptech, em Hue. O custo giraria em torno de US$ 650 por ano. Será que eu poderia ajudar? Seus pais já tinham contribuído com 3 milhões de dongs (cerca de US$ 200), as economias de toda uma vida.

Cedi o adiantamento dos meus direitos autorais por este livro para assegurar os recursos para os dois anos de estudo de Vu. Meu sonho é continuar a ajudar os milhões de ávidos estudantes que, como Vu, anseiam pela oportunidade de receber a dádiva da educação.

CAPÍTULO 12

A FORÇA DAS PARCERIAS COMUNITÁRIAS

O PROGRESSO DO ROOM TO READ NO NEPAL estava acontecendo tão depressa que consumia a maior parte de meu tempo e de minha energia. Isso significava que nossos planos de entrar no Vietnã permaneciam em compasso de espera. Fui ao Nepal em abril de 2001 para assistir às cerimônias de inauguração de cinco novas escolas no distrito rural de Dhading. Cheguei esgotado depois de voar 38 horas, mas emocionado por voltar a Katmandu.

Dinesh foi me pegar no aeroporto e no caminho para o hotel passou por numerosos templos budistas e hindus, momentos em que aproveitei para buscar a bênção dos deuses. Ao sair, ele me disse rindo:

– Você parece cansado, pois está viajando há dois dias, mas ainda não chegou ao seu destino final. Vejo você amanhã, às 7h.

A manhã seguinte irrompeu fria e clara, com um céu muito azul. O cheiro de fumaça do fogão de lenha flutuou até o meu quarto, me fazendo ansiar por uma xícara do *duit chai* (o chá com leite). Dinesh logo apareceu, usando calça jeans, camiseta preta e óculos escuros. Seu *topi*, um chapéu nepalês que adicionava pelo menos uns 7cm à sua estatura de 1,64m, era o único detalhe étnico da indumentária.

Dinesh explicou que nossa primeira parada seria em Benighat, uma aldeia a cerca de 100km de Katmandu. Como as estradas nepalesas são sinuosas, estreitas e de trânsito lento, o trajeto demoraria pelo menos três horas. Para mim, a sensação era de estar precariamente empoleirado na beira de precipícios que induziam à vertigem – disputávamos espaço com ônibus e caminhões soltando fumaça de óleo diesel, todos com a onipresente placa "Buzine, por favor". Acatávamos liberalmente o conselho enquanto íamos costurando por um tráfego cada vez mais lento, como se fôssemos um híbrido entre um ganso grasnando e um esquiador ziguezagueando entre obstáculos.

Chegamos a Benighat perto das 11h da manhã. Centenas de crianças correram em nossa direção gritando, entusiasmadas: *Namaste*. Atrás delas, o prédio caiado da nova escola com fitas vermelhas esticadas na frente de cada uma das cinco salas de aula. Senti um imenso orgulho de minha equipe e de nosso trabalho. Cada uma daquelas crianças seria beneficiada com um ensino melhor. Valera a pena correr atrás de doações e passar várias noites sem dormir. Eu realmente encontrara o meu nirvana.

Sorri para Dinesh e dei-lhe os parabéns. Disse que ele devia estar orgulhoso de seu trabalho e que eu achava incrível que a escola tivesse sido construída em menos de um ano. Por humildade ou porque estivesse dominado pela emoção, ele não disse muita coisa. Apenas se inclinou para deixar que uma aluna colocasse uma guirlanda de flores em sua cabeça. Depois me levou para a pequena plataforma erguida para a ocasião.

As cerimônias no Nepal são alegres. Há sempre um cheiro de incenso no ar, o pó de *tikka* vermelha é aplicado aos retratos do rei e da rainha do Nepal para homenageá-los, e muitos (às vezes, demasiados) discursos são feitos pelos políticos locais, pelo diretor da escola, pelos professores e pelos pais de alunos. Torrando no sol, ponderei que a longa lista de oradores era um sinal positivo. Sinalizava que cada membro da comunidade estava orgulhoso da nova escola e se sentia, em certo grau, seu dono. Cada uma daquelas pessoas estaria olhando pela nova escola muito depois que eu e Dinesh tivéssemos ido embora.

Como meus conhecimentos do nepali são poucos, minha mente teve várias oportunidades de se dispersar. Pensei em como minha vida havia mudado de dois anos para cá – a crise existencial que surgiu quando ainda trabalhava na China e que me fez duvidar se haveria ou não "vida após a Microsoft". Agora lá estava eu, mais feliz do que nunca, olhando para as crianças, que sorriam e acenavam para mim. Suas expressões faziam cada minuto de minha jornada de três dias até aquela remota aldeia no Himalaia ter valido a pena. É verdade que não tinha nenhuma das mordomias dos meus tempos de Microsoft, nem mesmo um salário mensal, mas era como se tivesse encontrado meu lugar no universo.

Lembrei-me também de minha amiga Hilary, que tinha doado metade dos recursos necessários para a obra. Fiquei orgulhoso de representá-la na inauguração da escola. Eu ainda me sentia ligeiramente constrangido ao pedir dinheiro a meus amigos, mas, quando vi a placa com o nome dos pais de Hilary ser fixada na nova escola, percebi a importância do que eu estava fazendo – eu era o intermediário, a conexão entre uma necessidade e sua viabilização.

Hilary havia me confiado seu dinheiro e eu o converti em tijolos e cimento para construir um local de formação para centenas de crianças. Uma quantia que para ela era irrisória tinha criado algo permanente, que pagaria dividendos durante muitos anos e faria com que seus pais ficassem sabendo quanto ela os respeitava e amava.

Minhas divagações foram interrompidas pelo diretor da escola, que me convidou para cortar uma das fitas vermelhas. Aproveitei para contar que aquela escola tinha sido a maneira que uma amiga americana encontrou de dizer obrigado a um país que havia lhe dado tamanha alegria. Ela tinha excursionado pelo Nepal e ficara impressionada com a gentileza das pessoas. Também saudei a comunidade por ter oferecido o terreno e a mão-de-obra. O diretor da escola foi o último a falar. Não pude acompanhar a maior parte do seu rápido nepali, mas reparei que ele não parava de repetir o número 1.001. Murmurei um pedido de explicação para Dinesh.

– Mil e um é considerado um número de sorte aqui no Nepal.

Eu adorava palíndromos, palavras ou números que podem ser lidos, indiferentemente, da frente para trás ou vice-versa, mas decidi fazer essa observação apenas para mim mesmo.

– Por que ele continua a repeti-lo?

– Está lendo os nomes de cada família que doou 1.001 rúpias para a construção da escola. Quer homenageá-las e agradecer pela participação.

Calculei que 1.001 rúpias eram US$ 14 – uma soma grande num país onde o indivíduo médio ganha menos de US$ 1 por dia.

Depois da cerimônia, fomos convidados para tomar chá na sala dos professores. Sentei-me ao lado do diretor da escola e disse que estava impressionado com o número de famílias que tinham doado dinheiro. Perguntei se ele sabia o número exato de doadores. Com um ar de imenso orgulho e um largo sorriso, ele me informou que 183 famílias haviam contribuído.

Era uma combinação maravilhosa. Uma doadora na Califórnia fizera sua parte e a aldeia fizera o resto. Os valores eram bastante diferentes, mas isso não tinha importância. Muitas famílias – uma no Vale do Silício e 183 em Benighat – tinham mostrado seu interesse na educação e tinham sido parceiras na construção de uma nova escola.

DURANTE AS VISITAS SEGUINTES, CONTINUEI a ouvir histórias sobre a força desse tipo de parceria. Foi o caso da Escola Primária do Himalaia, localizada nos arredores de Katmandu, numa comunidade pobre cuja economia dependia das seis fábricas de tijolos instaladas na região. Numa visita que fiz ao local para verificar o progresso da construção encontrei o diretor da escola. Orgulhosamente ele me contou como conseguira que cada fábrica doasse 10.000 tijolos. Isso permitiu que o dinheiro da Room to Read fosse usado para comprar cimento, esquadrias de janelas, carteiras escolares e contratar mão-de-obra qualificada. Fiquei impressionado com sua engenhosidade.

Dois dias depois, Dinesh me levou à aldeia de Katrak, empoleirada entre verdejantes campos de arroz, nos contrafortes das montanhas a oeste de Katmandu. Ele estacionou na margem da estrada e, com um movimento de cabeça e um grito de *Jhane ho. Orolo* (Vamos! Para cima), anunciou que tínhamos uma íngreme caminhada pela frente. Ainda eram 8 horas da manhã, mas o sol já estava a pino. De vez em quando, eu precisava retardar a marcha para reaplicar filtro solar e tomar goles de água da minha garrafa térmica. Com freqüência era ultrapassado por mulheres carregando grandes sacos nas costas. Eu nem tentava acompanhar o passo delas, embora só estivesse carregando minha garrafa de água e uma máquina fotográfica.

Perguntei a Dinesh se elas estavam voltando do mercado. Ele riu e perguntou se eu não percebera que elas estavam carregando cimento. Como eu devo ter mostrado um ar de perplexidade, ele explicou. Quando o governo local pediu a ajuda da Room to Read, Dinesh e Yadav (nosso engenheiro civil encarregado do programa School Room) disseram que podiam fornecer metade dos recursos. Como a aldeia era pobre, com mais de 95% das famílias vivendo da lavoura de subsistência, a solução foi contribuir trabalhando.

As mulheres que tínhamos visto naquela manhã haviam respondido ao apelo. Todo dia, elas acordavam antes do sol nascer, desciam a encosta até a margem da estrada para pegar os sacos de cimento e os levavam para o local da obra. Os sacos pesavam 50 quilos, e algumas faziam até duas viagens por dia, sendo que elas gastavam uma hora descendo e uma hora e meia subindo. Dinesh me lembrou que as mulheres ainda teriam de cumprir seu trabalho nos campos.

Chegamos ao lugar reservado para a nova escola e vimos 20 homens fazendo as fundações e começando a levantar as paredes. Pedi a uma das mães que me deixasse ajudá-la com o saco de cimento. Quase desloquei minhas costas na tentativa de levantar o saco. Elas se divertiram muito e o grupo ao meu redor foi aumentando enquanto eu fracassava em impressioná-las. Meu peso excedia o daquelas mulheres em pelo menos uns 20 a 25kg, sendo que a maioria provavelmente sobrevivia com duas tigelas de arroz e lentilhas por dia.

Tamanha era sua crença no poder da educação para proporcionar aos filhos um futuro melhor que estavam dispostas a fazer qualquer sacrifício. Eu me senti inspirado e jurei trabalhar com mais afinco ainda, buscando financiamento para tornar realidade um número bem maior de desafios como aquele. Também jurei que iria mais vezes à academia para malhar.

A FORÇA DAS PARCERIAS COMUNITÁRIAS estava cada vez mais disseminada. Em cada cerimônia, um orgulhoso professor ou diretor de escola me contava alguma história incrível sobre como a comunidade tinha se mobilizado em torno da meta a ser cumprida. Era evidente que o modelo imaginado por Dinesh e pela equipe local estava dando resultados concretos.

Dinesh estava tão ansioso para me mostrar cada projeto da Room to Read que insistiu em fazer um atalho no caminho para o aeroporto só para que eu conhecesse o local onde será construída mais uma nova escola. Um grupo de pais misturava cimento enquanto os filhos brincavam nas proximidades. Sem recursos sequer para comprar uma bola, os garotos tinham enchido de pedras uma garrafa de plástico de água mineral e a chutavam para o gol improvisado com o zelo de jovens Pelés.

Tirei fotos. Logo as crianças se aglomeraram à minha volta, enquanto Dinesh me carregava de volta para o carro em que ia me levar até o aeroporto. Meus jovens amigos corriam atrás de nós com gritos de "Obrigado!" e "Tchau-tchau!". Como avançávamos devagar, aproveitei para acabar com o filme que ainda restava em minha máquina fotográfica. Era a confirmação de que tomara a decisão correta quanto ao modo como ia passar o resto da minha vida.

VOCÊ DIZ QUE QUER MUDAR O MUNDO?

Pense grande desde o primeiro dia

Quando criei a Room to Read, declarei que nosso objetivo era ajudar 10 milhões de crianças a ter acesso à educação. Algumas pessoas disseram que era muita pretensão da minha parte – como um cara que montou algumas bibliotecas pode ter um objetivo tão ousado?

Não deixei que esse tipo de comentário me afastasse de meu objetivo, pois acredito que é importante pensar grande. Há um ditado na Microsoft – *go big or go home* (pense grande ou vá pra casa) – que traduz perfeitamente o que penso. Os problemas com que o mundo hoje se defronta são imensos. Não é o momento de pensar pequeno. Se você decidir dedicar seu tempo a uma causa, você tem a obrigação de sonhar alto.

O benefício colateral desse estado de espírito é que metas arrojadas atraem pessoas arrojadas. Digamos, por exemplo, que você tenha se proposto levar água potável a aldeias da África onde crianças estão morrendo de enfermidades que não deveriam estar matando mais ninguém no mundo moderno. Abaixo estão duas declarações que você pode fazer quando estiver tentando convencer um potencial doador a participar de sua organização:

DECLARAÇÃO 1: Meu sonho é levar novos poços de água potável para pelo menos 25 aldeias no Quênia nos próximos três anos.

DECLARAÇÃO 2: A dimensão do problema da água na África requer soluções arrojadas, porque milhões de pessoas morrem de enfermidades que não ocorreriam se tivessem acesso a água limpa. Então quero ajudar pelo menos 10.000 aldeias, de uma ponta à outra da África, a ter água potável dentro de 10 anos.

A última declaração provavelmente vai afugentar muita gente, o que é bom – afinal, quem precisa de pessoas com medo de grandes desafios? –, mas o importante é que ela também atrai a atenção de potenciais doadores. Acostumados a receber pouco feedback do que foi feito com o dinheiro arrecadado, quando eles conhecem alguém que expõe um ambicioso conjunto de objetivos, é provável que ouçam com atenção.

Meu exemplo favorito vem do setor privado – o site Amazon. Quando Jeff Bezos o lançou em 1995, definiu corajosamente a empresa como "a maior livraria da Terra", embora ainda não tivesse vendido um único título. Ele se referia, é claro, à amplitude do leque de opções que a loja virtual seria capaz de oferecer, e isso tornava ao menos plausível sua pretensão.

Os pessimistas de plantão, é claro, salientaram que a renda do primeiro ano da Amazon fora de apenas US$ 500.000, menos do que o faturamento de uma única filial da Barnes & Noble durante uma semana normal em Manhattan. Posso imaginar como tentaram convencê-lo a sair da coisa, mas Jeff era intrépido, e isso atraiu a atenção da mídia, dos investidores e dos consumidores. O burburinho levou à publicidade e, por tabela, às vendas.

A Amazon é um caso clássico de profecia realizada. Não apenas se tornou a livraria mais bem-sucedida do planeta como o mais importante ponto de venda para fazer um livro estourar, nos países onde atua.

CAPÍTULO 13

O BRAÇO-DIREITO DE QUE TODO EMPREENDEDOR PRECISA

EM JUNHO DE 2001, EU ESTAVA FRUSTRADO com minha incapacidade de expandir a Room to Read para além das fronteiras do Nepal. Levantar fundos para todas as iniciativas em andamento era tão trabalhoso que eu não conseguia arranjar tempo para agir globalmente. Continuava preso a um único país, o que fazia com que me sentisse um charlatão – falando bonito, mas deixando escapar um número muito grande de crianças no Vietnã e no Camboja, nossos próximos alvos de expansão.

Felizmente, o universo às vezes conspira para resolver nossos problemas. As empresas pontocom estavam no auge, por isso eu estava usando os meus contatos no mundo da tecnologia para conseguir encontros com qualquer um que tivesse participado do Yahoo!, eBay, PayPal ou de alguma outra história de sucesso. Eu estava exatamente entrando em um café da Fillmore Street, em São Francisco, para me encontrar com um potencial doador, quando meu celular tocou. Erin se apresentou. Estava ligando por indicação de uma amiga comum que havia mencionado nosso desejo de entrar no Vietnã.

– Gostaria muito de conhecê-lo. Dei uma olhada no seu site e acho que o trabalho que sua equipe está desenvolvendo e a visão de fazer as comunidades participarem podem ser repetidos no Vietnã.

Dois dias mais tarde nos encontramos no Betelnut, um restaurante especializado em comida oriental na badalada Union Street.

Diante de uma travessa de fumegantes rolinhos primavera, Erin falou da sua vontade de voltar ao Vietnã:

– Passei dois anos trabalhando na Unilever, montando o negócio de sorvetes. Foi um dos melhores períodos de minha vida. As pessoas me deixavam entrar em suas casas e em suas vidas. Tudo era uma aventura... Desde visitar povoados rurais na garupa de motocicletas até comer em barraquinhas de calçada montadas por mulheres de espírito empreendedor, tudo no país exercia um apelo muito grande sobre mim. Voltei para os Estados Unidos alguns anos atrás, achando que seria incrível fazer parte de uma equipe tecnologicamente pioneira, mas sinto falta do Vietnã e quero encontrar uma maneira de fazer com que volte a ser parte da minha vida.

Perguntei a ela se tinha alguma idéia de como fazer isso acontecer.

– Uma importadora de móveis do Vietnã me ofereceu um emprego, mas o que eu realmente queria era ajudar as crianças, não o balanço de uma empresa. Quando estava na Unilever, a melhor parte de minha estada no Vietnã foi a construção de uma escola na aldeia perto de nossa fábrica de sorvete. Por isso, quando conversei com Verna no início desta semana e falei o que eu gostaria de fazer, ela imediatamente lembrou que você tinha vontade de entrar no Vietnã, mas não conhecia o país. Aqui estou eu com algum conhecimento e experiência, mas nada de concreto a oferecer.

Fiquei impressionado com sua vibração, mas expliquei que não tinha como contratá-la. Ela disse que tudo bem; estava disposta a trabalhar como voluntária – o importante era fazer alguma coisa para ajudar as crianças a ter acesso à educação. Como estava com viagem marcada para o casamento de uma amiga no Vietnã, poderia ficar alguns meses mais, se fosse preciso, para investigar se a Room to Read poderia dar início às suas atividades.

A organização estava sendo construída por dezenas de pessoas como Erin, gente que se engajava de forma incondicional. Aceitei de imediato sua proposta. Como ela ia viajar em breve, dediquei os dois dias seguintes a mostrar-lhe em detalhes a maneira como trabalhava.

Antes de viajar, ela mandou e-mails para amigos vietnamitas com uma visão geral da Room to Read e pediu que eles começassem a traduzir nosso material para o vietnamita. Solicitou ainda entrevistas com funcionários do Ministério da Educação. Fiquei impressionado com a rapidez com que agia.

SEIS SEMANAS MAIS TARDE, ERIN ESTAVA de volta a São Francisco. Mesmo exausta pelas 22 horas de viagem, ela telefonou assim que desembarcou.

– Precisamos falar o mais depressa possível. O governo vietnamita está entusiasmado com a perspectiva de trabalhar conosco. Tenho um plano.

Na manhã seguinte, eu estava de volta ao meu café favorito: o Roastery, na Chestnut Street. Era ali que funcionava o escritório informal da Room to Read. Erin trazia um álbum de fotos com uma capa laqueada de madeira. Enquanto tomava o meu capuccino, abri a primeira página. Lá estava uma jovem e adorável menina vietnamita lendo um livro. Erin havia escrito em letras douradas: "Anunciamos a chegada da Room to Read ao Vietnã."

– Então, está decidido? – Eu ri. – Estamos entrando no Vietnã? Foi rápido!

– Bem, obviamente a decisão é sua, mas acho que é o que devemos fazer. O país é muito carente. A última década foi relativamente estável, depois de anos de guerra com a França, com os Estados Unidos e com a China. A estabilidade conduziu a um boom de nascimentos e o resultado é uma população muito jovem. E eles não têm recursos suficientes para colocar todas as crianças na escola, especialmente nas comunidades rurais. O ponto positivo é que os pais têm muito entusiasmo pela educação. Ser professor é uma profissão respeitada, há uma crença confuciana no poder do ensino. Assim, quando contei às pessoas sobre todo o trabalho que você tem feito no Nepal, a primeira reação delas foi perguntar quando íamos começar.

– Estou inteiramente de acordo com a idéia – respondi. – Mas há considerações práticas, como o orçamento disponível para este ano (US$ 150.000), que mal dá para pagar nosso trabalho no Nepal. Lembre-se de que o Vietnã tem uma população quatro vezes maior.

– Posso ajudá-lo a levantar fundos para isso.

– Mas não tenho como contratá-la. Uma coisa é ter colaboradores no Nepal ganhando US$ 200 por mês. Em São Francisco, isso não garante mais que três dias de aluguel.

– Conversei com a moça com quem divido um apartamento; ela trabalha na Goldman Sachs e está financeiramente muito bem, por isso se ofereceu para pagar todo o aluguel no mês que vem. Minha mãe achou que era uma boa idéia e se ofereceu para bancar o segundo mês, o que resolve minha maior despesa imediata nesse período. Se quiser que eu me junte à Room to Read, estou disponível por dois meses.

Pelo visto, Erin tinha pensado bem no assunto e estava disposta a fazer sacrifícios pessoais para tornar seu sonho realidade. O fato de que a mãe estivesse disposta a investir no sonho da filha era muito revelador. Decidi rivalizar com aqueles exemplos positivos:

– O.k., acho que você pode trabalhar quatro meses para a Room to Read.

– Como assim?

– Posso lhe oferecer US$ 2.000 por dois meses de trabalho. Essa é a contribuição que posso dar para ajudá-la a viabilizar seu projeto. Temos quatro meses para achar um meio de fazê-la entrar na folha de pagamento. Uma das coisas que aprendi na Microsoft é que, se você encontra a pessoa certa, deve contratá-la, porque ela vai render muito mais do que vai receber. Mas, para encerrar minha fala de "Bem-vinda à Room to Read", quero relembrá-la de que não temos tempo a perder. Vamos pegar os telefones e começar a sorrir e a discar!

ERIN MERGULHOU NO TRABALHO. Dois meses depois, entrei no escritório uma manhã e reparei que ela estava sorrindo como se tivesse vencido o torneio de Wimbledon. Perguntou se eu queria ouvir alguma notícia boa e respondi que isso era melhor que a outra opção. Acabáramos de receber a promessa de uma doação de US$ 32.000

da Global Catalyst Foundation. Em nosso primeiro encontro, um mês antes, eles haviam dito que gostavam do nosso trabalho e em particular julgavam que o programa Computer Room era bastante promissor. Agora, tomaram a decisão.

No dia seguinte, ao chegar para trabalhar, foi como uma cena do filme *O feitiço do tempo*, onde cada dia é uma repetição do dia anterior. Erin me perguntou se eu queria ouvir boas notícias. Eu rapidamente assenti e ela me contou que a Microsoft acabara de aprovar nossa proposta de US$ 30.000 para financiar a montagem de dois centros de informática no Vietnã. Trocamos um abraço e voltamos aos e-mails e aos telefones na esperança de ver a maré de boa sorte continuar.

Na quarta-feira, recebemos uma doação do Tibet Fund para montar centros de informática em comunidades de refugiados tibetanos no Nepal. Na quinta-feira, um casal do Vale do Silício ligou para dizer que havia organizado um encontro para arrecadar fundos para a Room to Read e tinha conseguido levantar US$ 10.000. Eles planejavam visitar o Nepal naquele ano e queriam não apenas conhecer nosso trabalho, mas ajudar a financiá-lo. Em minha mente surgiram mil e uma possibilidades – que tal convencer milhares de viajantes globais a seguirem aquele exemplo?

Tínhamos levantado US$ 80.000 em uma semana! Estávamos começando a ter combustão em todos os pistões. Melhor que tudo, o dinheiro estava fluindo de múltiplas fontes. O que estava de acordo com meu objetivo de jamais ficar dependente de um único doador. Não era recomendável confiar todos os seus ovos a uma única cesta. Ainda estávamos engatinhando, mas só naquela semana tínhamos captado dinheiro de uma empresa, de duas fundações e de dois altos executivos muito bem relacionados.

Com o cofrinho cheio para travar a guerra contra o analfabetismo, decidimos que estava na hora de aprovar os primeiros projetos para o Vietnã. Erin atravessou de novo o oceano Pacífico, dessa vez para visitar comunidades no Sul do Vietnã e conhecer suas reais necessidades. Fiquei no comando, em São Francisco, para continuar a angariar fundos.

QUATRO DIAS APÓS SUA PARTIDA, eu estava no escritório selecionando os slides que ia apresentar em um evento em Seattle quando meu e-mail apitou, avisando que havia chegado uma mensagem de Erin.

Oi, John,

Estou escrevendo de um cibercafé em Saigon. Acabei de chegar do distrito de Can Gio, a duas horas de carro daqui. Passei o dia com o pessoal do Ministério da Educação local. Eles nos propuseram vários projetos de construção de escolas.

Can Gio é a parte mais pobre da província de Ho Chi Minh e precisa muito de assistência. A economia é baseada nas salinas e nas fazendas de camarão. A escola local foi construída para atender apenas a crianças pequenas; no entanto, atende a todas as séries, porque as outras escolas ficam muito distante. Isso provocou uma superpopulação de alunos – mais de 500 – e a necessidade de funcionar em dois turnos, o que significa que as crianças só têm quatro horas de aula por dia em vez de sete horas, que é o tempo normal no Vietnã. O efeito negativo recai principalmente sobre as crianças mais novas, que não conseguem avançar nos estudos.

Estamos desenvolvendo um plano ambicioso para expandir a escola e oferecer às crianças dessa área a esperança de um futuro menos sombrio. Fui tocada pela espontaneidade e pela carência das pessoas de Can Gio durante minha visita. O impacto que provocamos na vida dessa comunidade é real, imediato, e é o que torna nosso trabalho tão gratificante!

Abraços do Vietnã,
Erin

Fechei os olhos e tentei imaginar aquela aldeia. Visualizei as salas de aula abarrotadas de crianças e substituí os rostos das crianças vietnamitas pelos das crianças nepalesas. Ocorreu-me a idéia de que a relação aluno-professor era provavelmente de 50 para 1. E fiquei triste pensando naquelas crianças que, aos 10 anos de idade, eram informadas de que não tinham conseguido passar para a escola secundária. Com apenas metade do período escolar normal, elas estavam travando a batalha com um braço amarrado atrás das costas. Não era culpa delas, e eu sabia que estava ao nosso alcance fazer alguma coisa.

De imediato, minha segunda-feira ganhou foco – precisava achar um doador para financiar o projeto escolar em Can Gio. Esquadrinhei meus contatos e comecei a fazer uma lista de possibilidades. Alguém ia adotar aquele projeto, meu coração dizia isso. Não é todo dia que se tem a oportunidade de mudar as vidas de 500 crianças. Como dizer não a uma coisa dessas? Se eu não pudesse fechar o negócio, não merecia estar na área da obra social.

Então preparei uma xícara de café, pus os fones de ouvido, soltei o Talking Heads em alto volume e comecei a disparar uma versão editada do e-mail de Erin para doadores em potencial. Mais de 500 crianças no distrito de Can Gio precisavam que eu encontrasse um doador. Estava confiante de que alguém ia se sentir igualmente compelido a dizer sim. Quarenta e oito horas depois, tinha conseguido não apenas um, mas dois doadores – um alto executivo da Microsoft e um investidor de capital de risco no Vale do Silício. Dei um soco no ar, como fazem os maus cantores de rock. Abrindo meu e-mail, mandei uma nota breve para Erin:

> Boas notícias. A águia da sorte pousou. Não pare numa escola. Já consegui vender duas. Encontre mais alguns projetos, se puder – pelo que ouvi de você e de Vu, sei que há muito a ser feito. Podemos conseguir fundos, pois os doadores gostam muito deste modelo de adotar uma escola inteira por US$ 10.000; é uma maneira de ficarem sabendo exatamente para onde vai o dinheiro. Em geral, essa é a grande frustração de quem faz doações – nunca sabe se o dinheiro vai ser usado para pagar a conta de luz, o aluguel ou se vai para os programas que a entidade desenvolve. Nesse sentido, nosso modelo funciona. Sei que a Room to Read ainda é jovem e que no momento somos apenas dois, mas o que importa é pensar grande!
>
> Aproveite sua estada aí e compre uma câmera digital para a equipe do Vietnã. Vamos fotografar as escolas construídas e mandar para os doadores. Provavelmente eles vão mostrá-las aos amigos e só Deus sabe quantos poderão também se decidir a subvencionar uma escola. Se a propaganda boca a boca funcionar, o resultado pode ser fantástico!

HERÓIS COTIDIANOS: O JOGO DO NOME

Em fins de 2001, estávamos trabalhando no Vietnã e no Nepal, com planos de chegar ao Camboja. Estávamos montando escolas, bibliotecas, centros de informática e financiando bolsas de estudo de longo prazo para moças. Contudo, o nome de nossa organização era Books for Nepal. Erin me recorda a dificuldade que teve para convencer os funcionários do Partido Comunista do Vietnã a dar permissão para a Books for Nepal construir escolas no Vietnã.

Obviamente, eu tinha escolhido um nome inadequado para a expansão. Decidimos encontrar um novo nome. Dois meses batendo cabeça e não conseguíamos chegar a um denominador comum. Era como se todas as palavras adequadas já tivessem sido usadas.

Uma noite fui jantar na casa de meus amigos Paul e Susan. Desculpei-me pelo atraso, explicando que ficara preso numa reunião relacionada com nossa expansão no Vietnã.

– Como estão se expandindo para o Vietnã se o nome de vocês é Books for Nepal? – Paul desafiou de imediato. Susan aproveitou a deixa e me serviu um copo de shiraz.

Expliquei que estávamos procurando nomes alternativos.

– Uma de nossas idéias era denominar a entidade Alfabetização para Toda a Vida – falei hesitante.

Gargalhadas altas brotaram em volta da mesa.

– É o pior nome que já ouvi – opinou meu amigo Chris. – Eu jamais daria dinheiro a uma organização com esse nome.

– Bem, como vocês são superinteligentes, vamos ver se conseguem sugerir algo melhor – provoquei. – Achar um nome é muito mais difícil do que parece. Como diz aquela música sobre encontros, "todos os bons partidos já estão comprometidos": sempre que acho que cheguei a algo que me agrada, vou à internet e descubro que já está sendo usado.

O risoto foi servido junto com uma nova rodada de vinho. As sugestões não paravam: Ação Mundial pela Educação? Não, muito frio. A Leitura é Global? Vago demais. Crianças Precisam de Livros? Muito didático. Leitores Globais? Que diabo era um leitor global?

Finalmente, eu achara. Deixei passar um momento de silêncio.

– Esperem! Encontrei. Que tal... Livros a Bordo?

Martina quase cuspiu seu vinho. Entre um ataque de tosse e outro, ela conseguiu dar uma risada e perguntar:

– Qual é o espírito da coisa? Livros a Bordo? Como assim?

– Bem, mandamos livros para o exterior de navio. Por que não imaginar um grupo como o nosso no cais acenando para... tudo bem, vamos esquecer.

Mais risos. Outra garrafa de vinho foi aberta. Nesse meio-tempo Paul havia pegado o notebook no escritório e trazido para o balcão da cozinha. Queria pesquisar a disponibilidade do domínio de que viéssemos a gostar.

Assim como o vinho, as idéias também fluíam. Mas nada emplacava. Livros e Escolas para o Nepal e o Vietnã. Muito verborrágica. Escola do Mundo. Lembrei na hora o filme Escola do Rock! Depois vieram Parceiros na Escola, Ler o Mundo (um jogo com "alimentar o mundo", uma letra da Band Aid) e Estudantes Globais.

De repente, surgiu uma visão. Atirei para a platéia.

– Que tal Room to Read (Espaço para Leitura)?

Silêncio.

Martina: – É isso.

Chris: – Perfeito. É literal e metafórico.

Susan: – É realmente inspirador.

Mike: – É simples, fácil de lembrar.

Paul nos fez aterrissar com estrondo:

– É um nome bom demais. Com toda a certeza, já existe.

E começou a buscar na internet. A sala ficou em silêncio. Cruzei os dedos, embora não fosse supersticioso. Os segundos passavam em lenta sucessão.

– É nosso!

– Verdade?!

– Sim, é verdade; os dois domínios estão disponíveis: www.roomtoread.org e www.roomtoread.com. Vou reservá-los agora mesmo e amanhã vou vendê-los para você por um preço quatro vezes maior.

Aplausos explodiram. Alguns vivas foram dados e eu abracei Martina e Susan, que estavam sentadas ao meu lado. Tínhamos encontrado a marca perfeita. Duas horas e algumas garrafas de vinho depois, o brainstorm havia sido bem-sucedido.

Martina, a marqueteira de plantão, alimentou o clima:

– Amanhã vamos começar a trabalhar no logotipo.

Chris, um engenheiro de software, se ofereceu para ajudar. Como de hábito, ninguém na ampliada equipe de voluntariado da Room to Read estava se dando por satisfeito com os louros já obtidos. O dia seguinte era outro dia de trabalho.

CAPÍTULO 14

11 DE SETEMBRO

Só ME CONVENCI DE QUE ESTáVAMOS EM UMA trajetória de crescimento quando várias outras fundações se comprometeram a nos fornecer verbas. Tínhamos contratado um diretor de desenvolvimento, e nossas equipes no Nepal e no Vietnã estavam montando novas escolas e bibliotecas a todo o vapor. A editora Scholastic continuava fazendo doações regulares, cada uma com pelo menos 30.000 livros infantis, e tínhamos inaugurado nossa centésima biblioteca. Várias reportagens na imprensa falavam sobre nosso trabalho. Alguns velhos amigos de Chicago estavam abrindo uma filial da Room to Read para nos ajudar a angariar fundos. E havia pessoas interessadas em abrir escritórios em Nova York, Londres e Paris.

Como nosso objetivo era estar presentes em cada grande centro financeiro, meu giro pelo mundo continuava acelerado. Naquele fatídico 11 de setembro de 2001, eu estava na França fazendo uma viagem de bicicleta pela região de Bordeaux na companhia de Clarissa, uma ex-colega de trabalho na Microsoft. Enquanto ela tentava me arranjar um encontro com alguns amigos endinheirados de Paris, um deles disse: "Se são americanos, acho melhor irem já procurar um aparelho de TV."

Pedalamos o mais rápido que pudemos até o chalé de um amigo, sem saber o que esperar. A imagem do World Trade Center em chamas foi chocante, mas, antes que eu conseguisse ter plena noção do que tinha acontecido, a primeira torre caiu, logo seguida pela segunda. Nesse instante, o mundo parou. Meu único desejo foi voltar imediatamente para minha casa, para o meu país.

ASSIM QUE CONSEGUI VOLTAR, CONVERSEI com Erin sobre o que aquela tragédia significava para a nossa organização. Sabíamos que o mundo havia mudado, mas ainda não conseguíamos apreender exatamente como e o que havia mudado. Enfrentamos momentos de grande incerteza. Discutimos se nossa missão de educar crianças no mundo em desenvolvimento ainda pareceria relevante aos doadores. Também nos questionamos se seríamos capazes de levantar fundos suficientes para bancar nossos ambiciosos planos, o que significava aumentar nossa captação anual de US$ 150.000 para US$ 500.000. Será que poderíamos triplicar o tamanho da organização durante a recessão que se anunciava?

Vendo as empresas aéreas despedirem dezenas de milhares de funcionários e os analistas preverem dias sombrios para a economia, questionamos nossa capacidade de manter a mesma velocidade de crescimento. Também nos preocupamos com a possível xenofobia. Mesmo assim, avisamos a nossas equipes no Nepal e no Vietnã que seus empregos estavam seguros.

Como a nova sede de Chicago tinha planejado seu primeiro evento para o dia 23 de setembro, logo teríamos a resposta do mercado diante do novo quadro. Chegamos a pensar em cancelar o evento. Afinal, os americanos estavam experimentando uma espécie de psicose de guerra, com um abatimento catatônico. Não parecia um bom momento para organizar um coquetel e pedir que as pessoas doassem dinheiro para uma causa do outro lado do mundo, principalmente quando a filantropia mundial se dedicava a angariar fundos para as famílias dos mortos em Nova York.

Decidi levar nosso plano à frente:

– Nosso evento pode muito bem funcionar como uma desculpa para que as pessoas desliguem a TV, saiam de casa e retomem a convivência social. Vamos dar a elas pelo menos uma pequena dose de otimismo e deixá-las sentir que, mesmo num momento muito triste, podemos continuar velando por nossos irmãos, especialmente os que são diferentes de nós.

Lá estávamos nós, reunidos no Tavern Club, um clube de clientela formal na avenida Michigan. Nervosos, começamos a nos perguntar se algum sócio ia aparecer. Décadas de fumaça de charuto prendiam-se às cortinas e às paredes cheias de velhas gravuras inglesas de caça à raposa. O local parecia um tanto em desacordo com a imagem de nossa organização, mas jamais recusaríamos a oferta de mais um foro para nossos pleitos. E a Room to Read sabia ser "modesta e jovial" em sua abordagem, mesmo quando empoleirada num clube caro.

Enquanto preparava o projetor, fui interrompido por meu velho amigo John Flynn, membro do clube e nosso anfitrião. Ele me apresentou a um amigo dele, Ben Shapiro, que imediatamente me deixou confiante de que a noite seria positiva:

– Dei uma olhada em seu site e fiquei realmente impressionado. Planejo passar a vocês um cheque relativamente alto, pois acho que esse trabalho é exatamente o que a América devia estar fazendo com mais empenho no Terceiro Mundo. Somos o país mais rico do planeta, queremos vender nossos produtos e nos beneficiar da mão-de-obra barata que torna possível os preços baixos do Wal-Mart, mas damos muito pouco em troca. Devíamos, por exemplo, ter construído escolas no Afeganistão durante a última década. Teríamos um número muito menor de terroristas circulando por aí se tivéssemos feito pelo menos um esforço para implantar um sistema de educação naquele país. Vocês conhecem a história por trás das madrassas, as escolas religiosas muçulmanas?

Eu e John Flynn não conhecíamos, e Ben explicou que o Afeganistão fora invadido pela União Soviética em 1979. Os Estados Unidos, com medo de uma expansão ainda maior da influência soviética, forneceram armas e grandes somas em dinheiro para a resistência afegã. Após dezenas de milhares de mortes e três anos de guerra, os soviéticos perceberam que não obteriam o controle do país e foram embora. Foi o fim de oito décadas de expansão soviética e o começo da implosão de um império que tinha se estendido para muito longe e ficado ralo demais.

– Os Estados Unidos acompanharam a retirada e acharam que, com os soviéticos vencidos, o trabalho estava concluído. Não poderíamos ter saído de lá deixando o povo afegão sozinho com seus montes de entulho deixados pela guerra. O governo americano não tomou sequer a iniciativa de comprar algumas vassouras para ajudar a dar início à limpeza.

A voz de Ben se elevou e o ritmo ficou mais acelerado:

– Isto foi um grande erro estratégico de nosso governo. Dá para adivinhar o que veio em seguida? Na tentativa de intimidar o povo afegão, os soviéticos tinham feito o país recuar à Idade da Pedra. Era preciso reconstruir os prédios destruídos, incluindo os hospitais e as escolas. Os americanos não ajudaram porque não estávamos lá por sermos pró-afegãos, mas por sermos anti-soviéticos. O governo afegão precisava de ajuda para a reconstrução e os iranianos e sauditas logo se propuseram a preencher o vácuo que fora deixado pela partida das duas superpotências. Eles mostraram-se grandemente empenhados na construção de escolas religiosas, que ensinavam uma versão do Islã cheia de ódio. As escolas sauditas ministravam sua própria visão wahabita antiocidental, enquanto os iranianos ensinavam os alunos a amaldiçoar o "Grande Satã", que eram os Estados Unidos. A única diferença entre as escolas sauditas e as iranianas era o grau de antiocidentalismo em seus currículos.

E ele continuou em sua indignação:

– A CIA estima que os governos do Irã e da Arábia Saudita patrocinaram a abertura de mais de 10 mil madrassas no Afeganistão. E vocês conhecem o resto da história, porque a estamos vivendo nas duas últimas semanas. Uma grande parte dos terroristas estudou nessas escolas. Podem imaginar como o mundo seria diferente se eles tivessem tido uma instrução mais preocupada com a matemática e a gramática do que em ensiná-los a cantar "Morte à América"? Perdemos nossa oportunidade de reconstruir aquelas escolas e estaremos pagando o preço durante as próximas décadas. Podem continuar a contar comigo para apoiar sua turma. Não quero que nosso país continue repetindo os mesmos erros.

DOIS ANOS DEPOIS, LENDO O COMOVENTE retrato da vida afegã feito por Asne Seierstad em *O livreiro de Cabul*, lembrei o comentário de Ben ao ler um trecho particularmente arrepiante no qual Sultan, o protagonista, viaja para o Paquistão com a missão de ajudar seu país, devastado pela guerra, a educar suas crianças:

"Ele sénta no banco de trás do ônibus, imprensado entre outros viajantes, a maleta debaixo dos pés. Nela está a incumbência de sua vida, escrita num pedaço de papel. Quer editar os novos livros escolares do Afeganistão. Quando as escolas abrirem naquela primavera, praticamente não haverá livros didáticos. Os livros editados pelo governo mujahedim e pelo talibã são inúteis. Eis como as crianças do primeiro ano primário aprendem o alfabeto: '*J* de Jihad, nosso objetivo na vida, *I* de Israel, nosso inimigo, *K* de Kalashnikov, nós vamos vencer, *M* de mujahedim, nossos heróis, *T* de talibã...' Também nos livros de matemática a guerra era o tema central. Os estudantes... não calculavam números de maçãs ou doces, mas números de balas e Kalashnikovs. Algo mais ou menos assim: 'O pequeno Omar tem um Kalashnikov com três cartuchos. Há 20 balas em cada cartucho. Ele usa 2/3 das balas e mata 60 infiéis. Quantos infiéis ele mata com cada bala?'"

O livro de Seierstad levanta a questão: como podemos ter esperanças de um mundo em paz quando são essas as lições enfiadas nas cabeças de milhões de crianças do início ao fim de cada ano em que estão formando seu caráter?

VOLTANDO A CHICAGO... ALGUMAS DEZENAS de sócios enchiam os salões do clube antes da hora marcada para o início do evento. Enquanto eu conversava com velhos e novos amigos, reparei que as pessoas pareciam menos sombrias do que eu previra. Embora estivessem obviamente entristecidas e furiosas com os acontecimentos de Nova

York, também pareciam dispostas a entrar em ação. Uma mulher me disse que viera porque se sentira insultada ao ouvir o presidente Bush dizer que a maneira de ajudar os Estados Unidos era ir às compras. Ela e uma amiga sentiam a necessidade de fazer algo mais tangível para começar a mudar o mundo. Construir uma ou duas escolas parecia um ótimo começo.

Esta reação me animou, assim como a visão do salão cada vez mais cheio. Um grande contingente de jovens tinha vindo em busca de alguma coisa positiva. Muitos disseram que era a primeira vez que tinham um compromisso social desde o 11 de setembro. Erin e eu fizemos uma breve exibição de slides destacando a necessidade de novas escolas nas zonas rurais do Vietnã e do Nepal. Falamos de nosso modelo de parceria e de nossas pequenas despesas gerais. Parti então para o fechamento:

– Os acontecimentos de 11 de setembro chamam a nossa atenção para o momento que estamos vivendo. Acho que o modo como reagimos diz bastante sobre nossa aptidão, como seres humanos, de sermos otimistas diante do niilismo e de provarmos que a luz pode vencer a escuridão. Não estou dizendo que a educação vai resolver todos os problemas do mundo, mas é algo direto, tangível e imediato. Vocês podem ir para casa esta noite sabendo que, dentro de um ano, algumas novas escolas serão inauguradas. Espero que decidam dar suporte ao nosso trabalho.

Houve uma encorajadora salva de palmas e, mais importante, a visão estimulante de talões de cheques e cartões de crédito sendo tirados dos bolsos. Uma fila se formava diante da mesa de doações. Arrecadamos dinheiro para construir duas escolas.

As pessoas se demoraram tanto que a gerência do clube teve que pedir que nos retirássemos. Fomos relaxar num pitoresco pub irlandês vizinho. Todos estavam emocionados pelo fato de termos superado nosso objetivo financeiro. Era motivo de orgulho saber que, mesmo em um momento tão amargo, os americanos mantêm a disposição de ajudar antigas "nações inimigas", como o Vietnã. Era a prova de que a flexibilidade e a generosidade são valores tão profundamente enraizados na psique humana que nenhum terrorista jamais conseguirá liquidá-los.

As forças positivas e proativas deste universo sempre conseguirão derrotar as sombrias e niilistas. Só precisamos criar os espaços onde cidadãos dedicados encontrem um meio de agir.

A SEGURANÇA REFORÇADA NOS AEROPORTOS depois do 11 de setembro tornou ainda mais difícil ser um viajante. Duas semanas após o evento de Chicago, eu estava de olhos vermelhos no aeroporto JFK, de Nova York, pois as empresas aéreas recomendavam que os passageiros comparecessem ao aeroporto duas horas antes do horário previsto para a partida. Para garantir que eu pegaria meu vôo das 7h30, tinha acordado às 5 horas. A fila do check-in andava com extrema lentidão. Vinte minutos depois, chegou minha vez. Um homem nitidamente exasperado estava discutindo com uma funcionária. Não tive opção senão ouvir a conversa.

– Sua solução não vai funcionar – o homem estava dizendo, com seu forte sotaque de Nova York. – Isso é pequeno demais para ser despachado, eu jamais voltarei a vê-lo!

A funcionária insistia que "despachar a bagagem" era a única solução.

Eu não consegui entender do que se tratava, já que o homem não estava segurando nada; na verdade parecia estar viajando de mãos tão vazias quanto Bill Gates, cujas roupas eram enviadas com antecedência.

O homem insistia que sua família já estava no portão de embarque e que, se ele não voltasse imediatamente, ia perder o vôo e o fim de semana com a mulher e os filhos. A funcionária advertiu mais uma vez que ele poderia despachar *a coisa* ou jogá-*la* fora.

– Não o deixarão passar pela segurança com *isso*. As normas são bastante claras: não é permitido levar objetos cortantes.

Só então eu percebi que estavam se referindo ao chaveiro do homem, onde estava preso um pequeno abridor de cartas cuja lâmina se abria quando se apertava um botão. Ele voltara da revista e mandara a família seguir enquanto tentava resolver o problema. Insistia:

– É uma relíquia de família; pertenceu ao meu avô e não posso jogá-lo fora. É tão pequeno que, se você colar uma etiqueta de bagagem, vai ficar perdido entre as malas e eu jamais voltarei a vê-lo. Seria como colocar uma etiqueta de bagagem num grão de arroz.

Neste ponto eu interferi dizendo que talvez conseguisse resolver o problema. Se ele me desse o abridor de cartas e um cartão, eu colocaria o abridor na minha mala e quando chegasse a São Francisco poria a relíquia de família no correio para ele.

O queixo do homem caiu. Nova-iorquinos não estão acostumados a ver estranhos se desviarem de seu caminho para prestar favores. Ele removeu o abridor de cartas do chaveiro e tirou um cartão da carteira, dizendo:

– Não sei quem é você, mas obrigado.

E disparou rumo ao portão de embarque, na direção da família e de uma fila de revista que, felizmente, estava pequena.

A funcionária da JetBlue completou meu check-in e comentou que minha atitude fora muito gentil. A meu ver, fora algo bastante simples – só tentara ajudar um passageiro estressado num momento em que toda a nação estava tensa. Ela insistiu em dizer que eu era um bom garoto. Sorri. Quem sabe, não me passaria para a primeira classe como recompensa. O vôo de seis horas para São Francisco seria muito melhor na frente do avião. Minha fantasia acabou quando me lembrei que a JetBlue *não tinha* primeira classe.

Em vez de me recompensar, a funcionária tinha algumas perguntas:

– Algum desconhecido lhe pediu para carregar alguma coisa?

– Não. Só levo isto para meu novo amigo... – dei uma olhada no cartão que o homem deixara: – Brent Erensel – concluí com uma risada.

– Senhor, tenho de adverti-lo de que isso não é engraçado. Precisa ter muito cuidado ao aceitar bagagens de estranhos.

– Mas... mas... você estava o tempo todo aqui e me disse que eu tinha feito muito bem em ajudá-lo. Como pode estar me passando um sermão três minutos depois?

Ela sacudiu os ombros e me passou a ficha de embarque.

O país estava, sem a menor dúvida, num estado estranho.

Duas semanas depois, recebi uma mensagem por e-mail de meu novo melhor amigo, Brent Erensel.

> Caro John,
>
> Obrigado por ter enviado meu abridor de cartas, que, como você sabe, é uma herança de família. Depois de receber a encomenda juntamente com seu cartão de visita, entrei na internet para dar uma olhada no que a Room to Read fazia. Ao ver as fotos das crianças que vocês estão ajudando, concluí que você e Erin devem ser anjos. Esta seria a única explicação para o que testemunhei em nosso breve encontro no JFK e para o que vi depois nos slides mostrados em seu site.
>
> Dê, por favor, uma olhada no pequeno anexo que envio para que a energia positiva continue fluindo.
>
> Com minha calorosa estima,
> Brent

Ele havia mandado um cheque de US$ 1.000 para a Room to Read. Perplexo, balancei a cabeça. Minha intenção ao ajudar Brent não fora conquistar um novo doador, mas como resultado de nosso encontro eu acabara de ganhar metade do que era preciso para montar uma biblioteca escolar. Se ao menos essas crianças pudessem conhecer a história de como uma situação casual se convertera de coisa negativa em positiva...

A atitude de Brent, combinada com o sucesso de nosso evento de Chicago, convenceu-me de que podíamos continuar a crescer, mesmo na era pós-11 de setembro. As pessoas pareciam mais ansiosas que nunca para encontrar meios capazes de devolver alguma energia positiva ao mundo. Eu me sentia grato a todos os doadores que estavam nos mandando um sinal para que não recuássemos, para que continuássemos expandindo nosso trabalho.

CAPÍTULO 15

CONSTRUINDO A "MICROSOFT SEM FINS LUCRATIVOS"

EMBORA MEUS ÚLTIMOS MESES NA MICROSOFT tenham sido penosos, eu me sentia feliz por ter trabalhado tanto tempo na companhia. Além de ter sido financeiramente lucrativo, convivi com pessoas incrivelmente inteligentes e aprendi lições valiosas sobre como dirigir um negócio. Quando dei início à Room to Read, anotei os princípios essenciais que eu aprendera e com os quais tentaria rivalizar.

Bill Gates foi, com toda a certeza, uma inspiração para mim, a despeito das experiências que tive com ele na China. Tenho o maior respeito não só pela empresa que ele construiu, mas também pelo corajoso esforço que ele e Melinda têm feito de usar sua riqueza para imunizar milhões de crianças contra doenças que não deveriam matar mais ninguém no mundo de hoje.

A maioria das lições que aprendi, no entanto, vieram do Número 2 da empresa, Steve Ballmer. Bill ganha mais destaque na imprensa, mas Steve é o homem de negócios. Como um cachorro e seu osso, ele vive obsessivamente concentrado, sem jamais deixar que algo o distraia: vive, come, dorme e respira resultados, resultados, resultados.

Essa foi, aliás, uma das principais lições que apliquei quando comecei a construir a Room to Read e queria me diferenciar de milhares de outras organizações sem fins lucrativos.

Uma de minhas mais interessantes experiências ocorreu no início de 1996, quando Steve visitou a Ásia. Na condição de diretor de marketing para a região, estive presente a todas as reuniões realizadas ao longo de uma semana em Kuala Lumpur, na Malásia. O primeiro assunto da pauta era um balanço das oito subsidiárias. A equipe do Vietnã tirou o palitinho menor e teve de falar primeiro.

Seu desafio era imenso. O faturamento naquele primeiro ano fora muito abaixo do previsto. E a taxa de pirataria era absurda, em torno de 99%. Era mais fácil contabilizar as vendas *legais* de software do que as ilegais. Os gerentes precisavam convencer as pessoas físicas e jurídicas a pagarem US$ 300 por uma versão oficial do Microsoft Office, quando a versão pirata custava menos de US$ 1 no mercado local. Eu temia que algum "cordeiro" fosse mandado para o abatedouro.

Steve estava impaciente por resultados e não demorou a deixar a equipe ciente disso:

– Tudo o que leio me diz que muitas empresas estrangeiras estão investindo no Vietnã. Então esqueçam essas desculpas de que os consumidores vietnamitas não acham viável comprar nosso produto. Concentrem o foco nas companhias multinacionais que estão abrindo seus escritórios lá. Por que não venderam para a Shell? Ou para a British Petroleum? Elas estão investindo no Vietnã. Por que não a Unilever? Ou a Honda, a Toyota, a Hyundai, as outras empresas automobilísticas? Procurem as embaixadas da Holanda, Alemanha, França, Coréia, Japão, Estados Unidos e Canadá e façam uma lista dos maiores investidores de cada país. Nesses lugares os administradores estão acostumados a comprar software legal. Quero que visitem todas essas embaixadas. Amanhã... Assim que eu partir.

Depois dessa primeira "escovada", ele continuou ditando o que a equipe vietnamita deveria fazer:

– De posse dessas listas, vocês elaborarão suas estimativas de vendas para o próximo ano. E, se as diretorias não comprarem, digam que estão correndo o risco de sofrer uma "batida". A última coisa que um gerente atuando no exterior vai querer é ver sua vida-mole-com-todas-as-despesas-pagas ser interrompida quando o escritório-sede em Amsterdã ou Nova York der conta da encrenca em que ele meteu a empresa. E parem com essa besteira de falar em "software pirata". Isso tem um ar quase romântico e fanfarrão, como se os autores do crime usassem um tapa-olho e tomassem rum com um papagaio no ombro. Chamem a coisa pelo que ela é... Chamem de furto. Vocês têm uma receita prevista de US$ 500.000 este ano e mal atingiram US$ 100.000. Espero que da próxima vez que nos encontrarmos tenham fechado alguns negócios grandes com multinacionais. Quatro negócios de US$ 100.000 e vocês chegam lá. Pam! Feito!

Com isso, ele bateu na mesa com o punho, fazendo as xícaras de chá dos vietnamitas dançar nos pires. Era típico de Ballmer, ir direto ao xis do problema sem dar tempo para desculpas ou papo furado. E, como a equipe não trouxera uma solução, ele fornecera uma e lhes dera a ordem marcial de implementá-la. Se tivessem uma idéia melhor, ótimo, bastava falar. Mas, se ela não existisse, Steve não ia ficar sentado esperando. Sua inclinação era para a ação, não para conversa.

ESSE INTENSO FOCO NOS RESULTADOS foi o primeiro item da cultura da Microsoft que eu quis estimular dentro da Room to Read. Eu sabia que a maior parte dos doadores reclama da falta de feedback – é frustrante doar e nunca saber o que está sendo realizado. Sempre me pergunto o que as instituições de filantropia têm feito com todo o dinheiro que há anos venho dando. Poucos grupos me informam de seus progressos, o que a maioria faz é pedir novas doações. Então concluí que um modo de diferenciar a Room to Read era mostrar nossos resultados e estar sempre atualizando os informes.

Em vez de falar do que *íamos fazer*, eu falaria do que tínhamos feito. Fatos concretos: o número de escolas abertas, o número de livros doados, o número de meninas com bolsas de estudo. Em em 2001, eu tive uma idéia que aplico até hoje. Decidi criar uma assinatura de e-mail que traz uma lista de realizações da Room to Read, sendo que os números são constantemente atualizados:

John J. Wood
Fundador e Diretor-Geral
Room to Read
Educar as crianças é o primeiro passo para mudar o mundo
www.roomtoread.org

"Nossas conquistas: 200 escolas construídas, 2.500 bibliotecas bilíngües montadas, 1,2 milhão de livros doados e mais de 1.800 meninas com bolsas de estudo de longo prazo. Junte-se a nós na busca da educação para todos."

Nada é mais eficiente para manter o foco do que a obrigação de transmitir os resultados de seu trabalho centenas de vezes por dia. Se mandássemos 300 e-mails por dia, teríamos 300 oportunidades de dizer às pessoas o que realizamos ou não. Isso aumenta a nossa responsabilidade.

– Se nossos doadores não virem os números subindo, podem ficar insatisfeitos e parar de investir em nossos projetos. Eles têm milhares de obras sociais para escolher. Devemos dar a eles o máximo de motivos para optarem pela Room to Read.

Acredito que, se cada entidade filantrópica fizesse o mesmo, o montante de doações ia disparar. Pode ser o número de refeições servidas para os sem-teto, o número de estudantes que ajudaram a pôr na faculdade ou o número de pessoas que fizeram exame de colesterol. A transparência em relação aos resultados funciona como um ótimo elemento de diferenciação quando se compete por recursos escassos.

Essa estratégia é usada até mesmo por empresas privadas. É o caso da United Airlines, que durante uma fase exibia em cada guardanapo sua classificação em primeiro lugar no ranking de pontualidade. Dezenas de milhares de vezes por dia eles diziam aos seus usuários (e aos seus colaboradores) que aquela classificação tinha importância. Eu percebi que as aeromoças estavam mais concentradas em ajudar as pessoas a arrumar as coisas nos bagageiros de modo a agilizar o embarque e, com isso, "manter a pontualidade". Sabendo que estaria sendo avaliada a cada mês, e tendo se vangloriado de seu bom desempenho, toda a empresa se concentrava em não perder a liderança no ranking.

VOLTANDO À CONVERSA QUE STEVE teve com a equipe do Vietnã, reparei que ele os havia tratado com respeito. Não gritou nem desmereceu seu caráter. Queixou-se dos resultados medíocres, é verdade, mas não os atacou pessoalmente. Há um ditado na Microsoft que diz: "Não se deve atacar a pessoa, mas sim suas idéias." Isso significa que os colaboradores tinham carta branca para discutir com qualquer um, sobre qualquer coisa, independentemente da posição da pessoa na cadeia de comando da empresa. Steve era a personificação desse adágio, e seu exemplo me inspirou a encorajar um vigoroso debate no interior da Room to Read à medida que a equipe crescia.

Confesso que às vezes eu ficava chateado quando era desafiado por novos membros da equipe. Estava acostumado aos primeiros tempos da Room to Read, em que eu tomava todas as decisões. Mas fazia um enorme esforço para me lembrar que tinha contratado gente esperta e que uma decisão por consenso seria melhor que um simples lampejo do chefe.

O momento mais difícil para mim foi quando minha equipe colocou em discussão a opção de crescer mais devagar ou aumentar as despesas de custeio para manter o crescimento. Eu queria o melhor dos dois mundos, ou seja: gastar apenas 5% com custeio e continuar adicionando novos países em um ritmo insano. Felizmente, tínhamos criado uma cultura em que qualquer um podia questionar o diretor-geral. Tínhamos uma piada interna que dizia que eu ficava apertando o acelerador enquanto os outros membros da equipe viviam pisando no freio. No final, chegamos a um consenso sobre o ritmo de expansão e acabamos contratando funcionários a um passo mais rápido do que a princípio eu julgara necessário.

Até hoje agradeço à minha equipe por ter me ajudado a ver com clareza essas questões importantes. Pretendo dar continuidade a essa tradição de encorajar os empregados a desafiar minha opinião.

UM TERCEIRO ASPECTO DA MICROSOFT QUE eu quis reproduzir estava baseado num exemplo que Bill e Steve davam diariamente: ser guiado pelos números. A crença de que tudo devia ser medido e de que todo gerente devia estudar cada dado disponível sobre o negócio permeava a Microsoft. Não bastava saber que as vendas do Windows NT estavam dentro do cronograma. Você também precisava conhecer os resultados do ano anterior e do ano antes desse e, idealmente, ser capaz de recitar sua taxa anual de crescimento (ano a ano). Sem esquecer o comparativo disso tudo em relação a cada um dos concorrentes.

É comum a pessoa achar que está tendo um ano tremendamente favorável, mas quando confronta a taxa de crescimento da concorrência acaba percebendo que pode fazer ainda melhor. Por causa disso, durante meus anos na Microsoft, varei muitas noites estudando os números. Como atendíamos oito países asiáticos, "conhecer os números" equivalia a se preparar para um vestibular de medicina ou direito; talvez para os dois ao mesmo tempo. Eu e minha equipe sabíamos que as expectativas de Steve eram altas, mas estávamos prontos a morrer tentando.

Eu costumava ter pesadelos com a cabeça grande e calva de Steve gritando "você não conhece seus números", enquanto eu, desajeitado, atacava uma pilha de papéis à procura da estatística solicitada. Uma vez precisei trabalhar em ritmo acelerado no período entre o Natal e o Ano-novo para me preparar para a chegada de Steve, marcada para o dia 3 de janeiro. Era doloroso ir para o escritório sabendo que quase todo mundo estava na praia. Enquanto o sol australiano alimentava outro dia perfeito de verão, eu chegava às oito da manhã para finalizar as apresentações e análises dos negócios na região.

Lembro-me que Paul, o gerente operacional na Tailândia, estava sendo interrogado sobre os negócios e mencionou que um dos membros de minha equipe tinha arranjado protocolos capazes de traduzir o Windows NT na língua tai. Paul acrescentou que isso havia melhorado tremendamente o "índice de aprovação" do produto. Steve então quis saber: "Quais são os números?", "Que percentual de pessoas aprovou a nova versão tailandesa do programa?"

Paul ficou em silêncio. Daí, expliquei que a nova versão tinha elevado o índice de aprovação para 80%. "E daí? Isso é bom ou mau?", disparou Steve. "Eu não sei, porque não conheço o índice de aprovação mundial, portanto não tenho base de comparação." Respondi que o índice de aprovação mundial era de 52%. Ou seja, em seis meses saímos da pior taxa de aprovação do mundo para uma das mais altas e ficamos 28 pontos acima da média mundial. Passamos de menos de 100 pessoas certificadas em Windows NT em toda a Tailândia para mais de 1.000 pessoas.

Steve sorriu para mim. E sinalizou sua satisfação para Paul. Era sua deixa para irmos em frente. Esperei que isso encerrasse suas participações especiais nos meus pesadelos.

SER SABATINADO POR STEVE ERA UM PESADELO, mas ele tinha suas razões para manter o ritual. Queria testar o nível de interesse do executivo pelos negócios. Se a pessoa não tivesse estudado profundamente cada faceta de sua operação, com uma intensidade tal que os números tivessem ficado gravados em seu cérebro, sem dúvida não ia conseguir uma boa nota no mundo de Steve.

Lembro-me com freqüência de Steve quando entrevisto candidatos a uma vaga na Room to Read. Quero saber se eles se apaixonaram e se de fato se empenharam em estudar cada detalhe de nossa organização. Um dia eu estava entrevistando uma candidata promissora para o cargo de diretora de desenvolvimento. Marcie tinha muita experiência em levantamento de fundos, mas logo ficou evidente que, para ela, aquele era apenas mais um emprego. Não havia paixão.

– Para começar, pode me dizer quantas escolas foram construídas pela Room to Read?

– Não tenho certeza. Dez?

– Não. Trinta até agora, e este ano vamos construir mais 30.

– Eu não sabia.

– Sabe quantas bibliotecas montamos?

– Não, também não sei. Como poderia saber?

– Bem, nossos resultados estão estampados em nosso site, no relatório anual e embaixo de cada e-mail que envio. Mas tudo bem. Vamos à pergunta seguinte. Pode dizer o nome dos três países onde estamos trabalhando?

– Sei que estão no Nepal e acho que também no Camboja – disse ela, a voz fraquejando no final da frase.

Percebi naquele momento que a entrevista tinha acabado. Como ela poderia vender a Room to Read para os doadores se não conhecia nossos resultados nem nosso modelo de negócios? A candidata que acabamos contratando tinha estudado nosso relatório anual e nosso site em detalhe. Conhecia os fatos, as expectativas e, claro, os números.

Qualquer empresa precisa que seus colaboradores sintam prazer com o trabalho realizado. Isto é especialmente crítico com relação às primeiras contratações, pois é essa equipe-base que vai transmitir a cultura corporativa a quem chega depois. Qualquer empreendedor, portanto, deve contratar apenas pessoas que tenham paixão pelo negócio e que conheçam profundamente os números.

OUTRA LIçãO QUE APRENDI NA MICROSOFT e que quis implantar firmemente na Room to Read foi a lealdade. E como muitas outras coisas, aprendi isso com Steve Ballmer.

Embora Steve seja exigente, ele também é extremamente leal à sua equipe. E não está nem ligando para hierarquia. Ele se dispõe a conversar com qualquer um dentro da companhia que possa lhe fornecer dados e informações. Também demonstra interesse pelas pessoas e passa a certeza de que elas podem contar com ele.

Espero que cada membro da Room to Read me considere igualmente comprometido com seu bem-estar. Sei que muitos executivos cobram fidelidade à sua equipe, mas não se esforçam para descobrir qual é o melhor meio de conquistá-la. Isso me faz lembrar de uma citação de Thomas Edison: "As oportunidades são como um operário vestido em seu macacão de trabalho."

Minha maneira de mostrar o meu interesse é simples, direta e jamais vai me fazer conquistar qualquer prêmio no quesito criatividade. Acredito, no entanto, que ela demonstre meu grau de envolvimento com cada um. Na Room to Read, o ponto de partida é um ambiente de trabalho positivo. Eventualmente passo na festa de aniversário de alguém ou surpreendo Emily, que adora vinho, com uma garrafa de boa safra, ou escrevo um cartão de aniversário.

Nossas paredes estão cheias de fotos dos estudantes que estamos ajudando. E risos ecoam por todas as salas, pois não gostamos de contratar gente que não tenha senso de humor. Sempre que possível almoçamos em grupo, alternando menus dos diferentes países onde estamos presentes: num dia rolinho-primavera e sopa de macarrão à moda vietnamita, depois frango apimentado do Nepal e peixe ao curry do Laos.

Também encorajo as pessoas a se exercitarem. Inclusive não há desculpas, pois nossa sede fica perto da ACM, dona de um impressionante ginásio e uma bela piscina. Será que isso provoca dispersão e, como conseqüência, queda de produtividade? De modo algum. Só contratamos quem tem um currículo comprovado de trabalho duro, foco nos resultados e paixão. O tipo que trabalha longas horas e, se necessário, viaja aos confins da Terra para cumprir nossa missão. Minha firme convicção é que um ambiente de trabalho positivo é apenas um reconhecimento a essa dedicação.

É importante enfatizar que cada vitória pertence à equipe. Como presidente da Room to Read, dou a maior parte das declarações, mas não esqueço de dizer que "tenho muita sorte por estar cercado de pessoas incríveis que me ajudam a realizar as coisas". Uma de nossas líderes de equipe comentou que a frase a fazia se lembrar do ciclista campeão Lance Armstrong: "Quando Lance dá uma entrevista após vencer uma fase do torneio, começa sempre falando na terceira pessoa: 'A equipe esteve ótima hoje'."

Outro modo de mostrar lealdade a nossos colaboradores é oferecer um generoso pacote de benefícios. Aliás, não gosto da palavra "benefícios" porque pode soar como se a empresa estivesse fazendo um favor. Para mim, oferecer assistência médica é o básico dos básicos. Recentemente, fizemos uma pesquisa para saber o que as pessoas achavam que estava faltando e a assistência dentária levou o maior número de votos. Passamos a fornecê-la, juntamente com um plano de previdência privada.

Nosso diretor financeiro acredita que, ao oferecer um programa de aposentadoria com contribuições razoáveis e uma contrapartida de 5% por parte da empresa, estamos sinalizando para os colaboradores que queremos ser parceiros em seu projeto para um futuro tranqüilo. É uma maneira de ajudar as pessoas a pouparem para o futuro, se isso for do seu interesse.

Para não correr o risco de deixar os custos saírem de controle, fomos adicionando gradativamente essas vantagens. A estratégia era clara: desde que mantivéssemos nossas despesas abaixo de 10%, poderíamos criar benefícios adicionais. Até o momento isso tem funcionado e a cada ano acrescentamos novidades para estimular quem trabalha na Room to Read.

CAPÍTULO 16

CRIANDO UMA PODEROSA REDE DE VOLUNTÁRIOS

O SUCESSO DO EVENTO DE CHICAGO mostrou que tínhamos potencial para "promover uma mudança social em larga escala". Para isso, no entanto, precisávamos expandir os grupos arrecadadores de fundos.

Nos velhos tempos, a filantropia era um privilégio dos ricos – esse era o modo como funcionavam as coisas nos corredores do poder e da riqueza. John D. Rockefeller, por exemplo, patrocinou a pesquisa de numerosas doenças infecciosas. Já as famílias Brahmin optaram por fundar universidades na Nova Inglaterra. Meu herói pessoal, Andrew Carnegie, imaginou uma rede de 2.000 bibliotecas e teve a ousadia financeira de construir todas elas.

Há, contudo, alguns problemas com esse modelo. Além de não existirem bilionários em número suficiente para resolver todos os problemas do mundo, mudanças de verdade exigem a participação de todos. Possuir uma grande fortuna é, sem dúvida, uma boa ajuda, mas não é suficiente. A pessoa pode mudar de opinião sobre a causa, perder a fortuna em investimentos malfeitos ou deixar a herança para seus herdeiros. Confiar em uma só fonte de recursos é arriscado, principalmente quando o que está em jogo é o futuro de milhares de pessoas.

É preciso considerar ainda a enorme resistência que os verdadeiramente ricos têm a abrir mão de sua fortuna de forma significativa. Eles acham normal gastar US$ 100 milhões em um iate equipado com plataforma para descida de helicópteros; esquecem o princípio talmúdico de que "não há bolsos no sudário do sepultamento" e o fato de que, ao morrerem, boa parte de sua fortuna vai para o governo (que provavelmente vai desperdiçá-la) e o restante vai para os seus herdeiros (que podem igualmente esbanjá-la).

Desde o começo da Room to Read, percebi que não dá para esperar que os bilionários resolvam os problemas do mundo – esse é o modo mais certo de perpetuar o status quo. Tenho o maior respeito por homens como Carnegie e por filantropos modernos como Bill e Melinda Gates, mas eles são poucos. Como minha tendência não é ficar sonhando, tinha consciência de que para alcançar meu objetivo precisava atualizar o modelo de captação de recursos e alistar um exército de voluntários.

Encolhido em uma poltrona diante da lareira, em uma fria e nevoenta noite de São Francisco, puxei meu diário para ver se surgia alguma idéia para levantar os fundos de que precisava. O primeiro pensamento que surgiu foi simples e se direcionou para os anos que eu tinha pela frente: *O Andrew Carnegie do século XXI não será um milionário bem-intencionado, mas uma rede global de cidadãos engajados – e nós vamos criá-la.*

Eu sabia que nenhum de nós, sozinho, poderia repetir o feito de Carnegie e criar 2.000 bibliotecas. Mas também sabia que a força de dezenas (quem sabe, de centenas ou milhares) de pessoas trabalhando em conjunto podia levar a algo ainda maior.

UM DOS PRIMEIROS ELOS DA CORRENTE QUE comecei a construir foi um empresário de Chicago chamado Michael Lindenmayer. Ele havia assistido a uma das nossas primeiras palestras e mais tarde, durante o coquetel, me cumprimentou e aproveitou para dizer que tinha algumas idéias sobre como poderia nos ajudar a atingir nossos audaciosos objetivos. Ele já havia trabalhado no Grameen Bank, banco de microcrédito que ganhou o Prêmio Nobel da Paz em 2006 junto com seu fundador, Mohammad Yunus – um dos meus heróis –, e o que disse foi música para os meus ouvidos.

– Dez anos atrás, pouca gente conhecia ou compreendia o microcrédito. Hoje, milhões já sabem o bem que pode gerar o empréstimo de pequenas somas de dinheiro para ajudar as pessoas a começar um negócio, e como a renda dessas microempresas pode tirar muita gente da pobreza. Mais importante ainda, o modelo reconhece que os pobres são capazes de ajudar a si mesmos e que podem ganhar a vida de modo auto-suficiente, em vez de depender do tradicional modelo de ajuda.

Na opinião de Michael, a Room to Read não era diferente do Grameen Bank.

– Ambas as organizações estão fazendo algo que é considerado difícil e um tanto revolucionário. Ambas têm líderes brilhantes e dinâmicos que sabem ser muito persuasivos com relação às suas causas. Vocês dois exigem o melhor da natureza humana: a disposição de pensar e de investir a longo prazo e de usar toda a nossa capacidade mental. Isso é de fato muito diferente do tradicional conceito de "fazer caridade"; vocês investem em pessoas e esperam que elas estejam dispostas a ajudar a si mesmas. O Grameen conseguiu se expandir porque sua visão motivou voluntários nos quatro cantos do mundo. Eu gostaria de ajudar você a fazer o mesmo com a Room to Read.

Como uma oferta desse tipo não se recusa, reservei de imediato um tempo para conversar com Michael em meu próximo giro por Chicago.

DUAS SEMANAS MAIS TARDE, nos encontramos para um café na livraria Barnes & Noble da Avenida Michigan. Comecei explicando nossas metas gerais. Embora estivesse orgulhoso por ter montado 500 bibliotecas escolares, tinha a sensação de ainda estar nos primeiros metros de uma maratona. A Room to Read tinha dois anos de vida. Havia países pobres muito queridos onde não estávamos presentes, como a Birmânia e o Butão, sem contar os países vizinhos dos Estados Unidos, como o Haiti e El Salvador, que têm níveis de pobreza assustadores e uma chocante falta de oportunidades educacionais para suas crianças.

– Gosto do que Carnegie fez, mas o ponto fraco de seu modelo é que ele só pensou em um país. A necessidade de instrução e o amor das crianças pela leitura são forças universais. Você sabia que no Níger oito em cada dez crianças não passam do ensino fundamental? Que 70% das mulheres na Etiópia não sabem ler? Penso no meu amigo Vu, no Vietnã, e como custou pouco, em termos de dinheiro, auxiliá-lo a completar sua formação. Gostaria de ajudar todos os Vus que vivem na Índia, na África do Sul e em dezenas de outros países. Não quero ficar limitado, seja no sentido geográfico, seja no tamanho do sonho. Por que não é possível abrir 5.000, 10.000 ou 20.000 escolas e bibliotecas? Porque os principais ingredientes em falta são a equipe e o capital necessário para custear os vários projetos.

Michael foi direto ao ponto:

– Tudo bem, você precisa de capital. Vamos conversar sobre onde podemos achá-lo. Vamos fazer uma lista das cidades mais ricas... Vamos até onde está o dinheiro. O que precisamos fazer é encontrar gente que saiba como transformar sonhos em realidade. Nem todos querem "dar uma de John Wood" e largar seus empregos para tentar salvar o mundo. Mas há milhares, talvez milhões de pessoas que estão ganhando um bom dinheiro e querem algo mais da vida do que uma carreira de sucesso. São os indivíduos supermotivados a que Thomas Friedman se refere em seu livro *O mundo é plano*. Eles estarão dispostos a conceder um pouco de seu tempo a uma causa. Vamos reuni-los em uma rede de arrecadação poderosa e, com isso, permitir que suas equipes dupliquem o número de projetos que assumem. Vamos começar fazendo uma lista das cidades onde precisamos organizar esses grupos de entusiastas.

Nova York era uma escolha evidente. Todos aqueles bilhões em Wall Street – quem sabe não pudéssemos redistribuir um pequeno percentual do dinheiro que ali circula para o mundo em desenvolvimento. Boston era obviamente um bom alvo, assim como Washington, D.C. Michael tinha morado em Londres e achava que devíamos abrir uma sucursal lá. Disse-lhe que nossos primeiros voluntários eram um casal inglês, Frances e Douglas. Uniríamos os amigos de Michael aos meus.

Peguei meu notebook e comecei a despachar e-mails: primeiro para Frances e Douglas, depois para Scott, meu velho amigo da Microsoft na Austrália que estava agora trabalhando para a companhia em Hong Kong. Em seguida, escrevi para Jason, um profissional de relações públicas que tinha recentemente mudado para Cingapura. Enquanto isso, Michael falava no celular com um velho amigo de Atlanta, que concordou em dar início a nosso primeiro grupo na cidade.

Nossa mesa na Barnes & Noble lembrava um aeroporto internacional, com vôos (de fantasia) decolando em velocidades supersônicas em todas as direções. Quando paramos, senti-me exausto e meio tonto, mas exultante pela corajosa visão que tínhamos formulado. Anotei em meu notebook nossa declaração de princípios: "Em toda parte do planeta onde houver gente com dinheiro, a Room to Read estará pedindo que a ajudem a financiar nossa meta de instrução universal."

Mas será que as pessoas estariam dispostas a partilhar nosso objetivo? Afinal, estávamos pedindo que altos executivos, em cargos de grande responsabilidade, abrissem espaço em suas agendas superocupadas para se dedicar a uma causa nova e com resultados ainda não comprovados.

A RESPOSTA, PELO MENOS EM NOVA YORK, foi positiva. Meu telefone tocou no dia seguinte e ouvi a voz entusiasmada de minha amiga Nancy, querendo organizar um grupo em Nova York:

– Me dê algumas datas em que você estará disponível e vou organizar uma festa de arrecadação inesquecível. Vou promovê-la em meu apartamento, para que não tenhamos de pagar aluguel, e vou cobrir os custos dos comes e bebes básicos, tipo sushi e cerveja. Meu apartamento só pode receber 50 pessoas, mas tudo bem, vai ser aconchegante como uma casa de chá nepalesa numa noite fria. Coloque-me em contato com os amigos que porventura você tenha aqui e vamos envolvê-los no projeto e pedir que eles convidem os amigos dos amigos. Quem comparecer ao evento vai logo ser avisado de que há duas maneiras de participar: doando dinheiro ou nos ajudando a construir um grupo de voluntários para arrecadar dinheiro. De preferência, ambos. Mas tenho um pedido, John, e você não vai gostar dele.

– Não?

– Você sabe como adorei morar na Índia, certo? Também sabe com que desespero esse país precisa de programas como os seus. Tem de me prometer que vai pensar na possibilidade de expandir a Room to Read para a Índia. Sei que teve uma experiência desagradável viajando por lá, que detesta multidões e que não consegue lidar com o calor ou com a gritaria dos camelôs. Supere isso. O país precisa de você.

Prometi que ia pensar na oferta, apesar do comentário sobre a minha fraqueza. Mas não fiquei nem um pouco animado com a idéia de entrar em mais um país. Mal conseguíamos lidar com nossos projetos atuais. Eu continuava a ajudar nosso anêmico fluxo de caixa abrindo mão de um salário, mas, como as ações da Microsoft tinham caído de US$ 40 para US$ 22, metade das minhas economias desaparecera.

A conversa com Nancy me trouxe ao mesmo tempo o desafio e a solução. O desafio era continuar a expandir nossos programas educacionais para novos países. E a solução era construir a tão sonhada rede de voluntários. Disse-lhe que aquilo só aumentava a pressão para que a reunião que ela ia promover fosse bem-sucedida.

Cinco dias depois, tateei para pegar o telefone tocando em minha mochila e quase caí da bicicleta. Como de hábito, entre um grito e outro para que seu vira-lata Nathan parasse de provocar os outros cachorros, Nancy me pôs a par das últimas notícias:

– Ei, pode ficar mais uma noite em Nova York? Já temos 80 confirmações e só cabem 50 pessoas no meu apartamento. Por isso estou pensando em fazer uma segunda noite para não ter que dispensar as pessoas. Muita gente tem me ligado contando suas histórias de viagem. Você sabe... a sensação de estar num lugar remoto e mágico, mas também o assombro diante da enorme pobreza. A solução Room to Read realmente encontra eco. Acho que vamos ter uma boa multidão. Ou duas pequenas multidões. E as pessoas vão fazer doações. Aliás, meu pai ligou hoje de manhã. Ele vai aparecer com um cheque de US$ 1.000 da fundação que pertence à nossa família. Mas, só para avisá-lo... Ele me pediu para lhe dizer que sua forte preferência é que o dinheiro seja investido na Índia.

A REDE DE FILIAIS DA ROOM TO READ cresceu em um ritmo ainda mais rápido do que eu e Michael havíamos imaginado. No fim de 2002 tínhamos equipes ativas em Nova York, Chicago, São Francisco e Seattle, e pessoas interessadas em vários outros locais. Em Nova York, por exemplo, ao chegar para o primeiro evento organizado por Nancy, fiquei surpreso com o "comitê anfitrião" formado por cinco mulheres. Todas adoravam viajar pelo mundo e sempre ficavam muito impressionadas com a pobreza e a falta de oportunidades para as crianças. Perguntei a uma delas, uma executiva de mídia chamada Jen, o que a motivara a se envolver naquele projeto.

– É uma boa causa para se apoiar, pois o resultado do que você faz é muito tangível. Nancy me disse que se levantarmos US$ 8.000 você constrói uma escola e que com mais US$ 2.000 você acrescenta uma biblioteca. Essa transparência é realmente fantástica. Já trabalhei para outras organizações e nunca soube para onde ia o dinheiro. Assim, quando soube que poderia até visitar a escola, fiquei empolgada. Logo contei aos meus pais, que enviaram um cheque de US$ 2.000, prometendo repetir a dose no ano que vem.

Ela continuou:

– Às vezes, Nova York pode ser um lugar cínico. As pessoas dão todo tipo de desculpa para não soltar dinheiro. E você encontrou alguma coisa que corta essa negatividade. Por isso, este evento será um enorme sucesso. Todos que vêm aqui hoje à noite tiveram uma boa formação, todos vão achar brilhante este esquema. Quantas vezes na vida você foi a um coquetel, se divertiu, encontrou gente incrível e, enquanto isso, financiou uma ou duas escolas? Essa relação direta entre a quantia doada e aquilo que ela cria me faz ter certeza de que vamos nos sair bem.

A profecia de Jen se mostrou correta, não apenas em Nova York, mas também em outras cidades. As duas noites no apartamento de Nancy renderam mais de US$ 20.000. Nossa equipe de São Francisco subscreveu em uma noite mais de 100 anos de bolsas de estudo para meninas.

Sob a liderança de uma entusiástica advogada, uma forte equipe estava sendo formada em Chicago. Tina Sciabica acabara de voltar de uma viagem à Ásia e lera um artigo sobre a Room to Read no *Chicago Tribune.*

– Percebi de imediato que a causa era minha – disse ela em nosso primeiro encontro. – Só o fato de ler que você arranjava bolsas de estudo para meninas já me deixou feliz. Decidi que também poderia levantar dinheiro para você. Meu trabalho provavelmente vai sofrer um pouco, porque acabei me concentrando demais na Room to Read, mas quero ver você passar de 100 meninas com bolsas de estudo para 1.000.

NEM TODO EVENTO DE ARRECADAÇÃO FOI BEM-SUCEDIDO. Na realidade, alguns foram fracassos retumbantes. Em 2002, uma voluntária de Boston ligou perguntando se eu não podia voar até lá para comparecer ao seu primeiro evento beneficente. Eu sabia que a cidade estava cheia de gente jovem e dinheiro antigo, o que parecia uma potente combinação. Racionalizei, portanto, que valia a pena gastar os US$ 900 da passagem de ida e volta na American, a única companhia que voava de São Francisco a Boston sem escalas.

A idéia já não pareceu tão boa quando o despertador tocou às 4h30 da manhã. Cheguei a tempo no aeroporto, mas a American Airlines não correspondeu. Tinham cancelado o vôo direto para Boston e, como opção, me ofereceram uma alternativa que me deixaria duas horas esperando para embarcar, depois me levaria a Dallas, onde eu teria de mofar mais algum tempo no aeroporto antes de fazer a conexão para Boston. Após um longo dia em trânsito, não estava no melhor dos humores quando cheguei ao Logan, o deteriorado e sempre apinhado aeroporto de Boston.

As coisas pioraram quando, ao chegar, não encontrei a líder de nosso novo grupo, que se oferecera para me pegar no aeroporto. Repetidas chamadas para o celular dela ficaram sem resposta. Após meia hora esperando, decidi enfrentar a fila do táxi. Quando eu levava minhas bolsas de viagem para o ponto de táxi, o telefone tocou. Ela estava "apenas" 10 minutos atrasada; assim, entrei de novo em compasso de espera. Finalmente, pulo no carro e avidamente começo a fazer perguntas sobre o evento daquela noite. Ela rapidamente me corrige.

– Bem, não é exatamente para angariar fundos.

– O que está querendo dizer? Não é por isso que estou aqui?

– Penso no evento como um "promotor de consciência". Precisamos primeiro que as pessoas conheçam sua causa e então, mais tarde, talvez no prazo de um ano, possamos pedir apoio financeiro.

Resisti à tentação de dizer que não é possível pagar salários ou comprar tijolos usando "consciência". Não é uma moeda universalmente aceita. Mordi a língua. Não conhecia suficientemente bem aquela pessoa para ser meio agressivo. Ainda não. Em vez disso, fiz a proposta de requerermos pelo menos uma pequena soma de dinheiro.

– Estou inclinada a pedir que as pessoas paguem US$ 10 na entrada, mas também vou dizer que, se não puderem pagar, tudo bem.

– Quantas pessoas estão sendo esperadas? Será que a maioria não pode pagar US$ 10? Quero dizer, se pensarmos corretamente na média demográfica...

Ela ignorou a última pergunta e respondeu à primeira.

– Provavelmente 40, 50.

– Achei que semana passada, ao telefone, tinha me dito que esperava entre 125 e 150.

– Era esse o meu objetivo, mas realmente não tive tempo de fazer seu comunicado circular.

Fiz as contas de cabeça. Mesmo que 50 pessoas dessem US$ 10, só cobriríamos metade do custo do meu vôo. Nesse momento, minha calculadora mental foi interrompida.

– Claro, vou ter de usar uma parte do que recolhermos na porta para cobrir os custos do bufê, em torno de US$ 400.

Ufa! Tive vontade de estar em casa na cama ou em *qualquer lugar* que não ali. Será que eu tinha realmente voado de uma ponta à outra do país para assistir a um evento que não teria custo de admissão, que teria comes e bebes de graça e onde não se pediria às pessoas que doassem nada? Aquilo não era modo de administrar coisa alguma! Eu havia dado alguns saltos no escuro para construir a estrutura dos grupos de voluntários e, ao que parecia, aquele fora um salto no abismo.

NA TARDE SEGUINTE, DEI UMA LONGA CORRIDA pela margem do Charles River. Vendo equipes de remadores passarem em seus barcos, cada um perfeitamente sincronizado com o outro, e os arranha-céus do centro de Boston cintilando ao sol da tarde, convenci-me de que, a despeito do péssimo gerenciamento do evento, eu devia aproveitar para me divertir e esquecer a obsessão com a entrada de recursos. Droga, talvez eu encontrasse gente divertida e relaxasse um pouco.

Uma hora depois, estava testando minha apresentação no consulado da Suíça, no campus da Universidade de Cambridge. Não sabia por que eles tinham aceitado abrigar o evento, mas estava ocupado demais com outras coisas para perder tempo me preocupando com isso. Nosso "iaquemóvel", entregando livros a crianças nas montanhas do Nepal, jamais parecera tão frio quanto naquele dia. Eu estava ansioso para começar a mostra de slides e falar de nosso trabalho.

Assim, enquanto cerca de 50 a 60 pessoas comiam queijo, bolachas e tomavam goles de chardonnay em copos de plástico, projetei imagens de crianças devorando livros nas nossas novas bibliotecas no Nepal, criancinhas do Vietnã nas salas de nossos novos jardins-de-infância e nosso mais novo grupo de meninas com bolsas de estudo. Senti que tinha conseguido despertar interesse. No final, contudo, nem uma só pessoa bateu palmas. Estranho. Nosso trabalho sempre havia provocado um feedback caloroso.

Olhando para o mar de rostos céticos, parei sem entender o que estava acontecendo. Preenchi o vazio perguntando se alguém tinha alguma pergunta.

– Sim, tenho uma. – Uma mulher jovem, com óculos de aros grossos, cabelo cortado rente e um casaco azul de pelúcia me atirou um olhar de soslaio. – Pode me explicar sua teoria pedagógica?

Teoria pe-da-gó-gi-ca. Será que tenho uma?

– Hã... claro. As crianças precisam crescer aprendendo, lendo, indo para a escola, e, no mundo em desenvolvimento, um monte delas atualmente não vai. Ajudamos a preencher esse vazio com escolas, bibliotecas e livros.

Ela salientou que isso não era realmente uma teoria pedagógica unificada. Não podia discutir com ela nesses termos. Fiz uma nota mental para não esquecer de perguntar a alguém mais inteligente que eu se a Room to Read tinha uma TPU (teoria pedagógica unificada). Mudei de assunto atendendo a um jovem que lembrava a quintessência do "garoto inteligente da primeira fila", daqueles que passam a vida escolar levantando a mão antes dos outros.

– Como você pode garantir que esses garotos terão empregos quando acabarem a escola?

– Para falar com toda a franqueza, não posso. Assim como meus pais também não podiam me garantir nada quando me mandaram para a escola. O objetivo de nossos programas não é garantir um emprego. Nossa *raison d'être* – talvez uma expressão francesa pudesse impressionar aquele agrupamento hiperinteligente – é dar às crianças oportunidades que, de outra forma, elas não teriam. Oportunidades de desenvolver seus cérebros desde uma tenra idade. De se tornarem pessoas sempre dispostas a aprender. De terem uma saúde melhor. De passarem o conhecimento para a próxima geração.

– Então – disse ele no seu melhor tom estilo Perry Mason –, o que você está dizendo é que não pode ga-ran-tir que seus estudantes consigam empregos. – Com isso, ele me atirou sua melhor carranca.

Estava na hora de tentar outro desvio. Chamei uma mulher na faixa dos 30 anos. Ela erguia tanto a mão para cima que quase batia no teto.

– Diz na sua biografia que fez um curso de administração de empresas. Como pode estar fazendo este trabalho sem um Ph.D. em educação?

Será que minha participação ainda poderia piorar? O tempo das perguntas foi abruptamente abreviado por decisão do diretor-geral. Desmoralizado, guardei meu notebook. Algumas pessoas se aproximaram para me dizer que realmente gostavam dos projetos da Room to Read e me convidaram para tomar uma cerveja. Uma mulher do Colorado, chamada Pam, que recentemente havia se mudado para Boston, me disse que se sentira muito mal na sessão de perguntas e respostas:

– Este é o problema de Cambridge. As pessoas passaram toda a sua vida em escolas de elite e têm vários títulos universitários. Então é como se estivessem sempre ansiosas para provar que são mais inteligentes que as outras. Em vez de tratar a reunião como um evento arrecadador de fundos, sua anfitriã deixou que virasse um debate acadêmico.

Eu disse a Pam que a experiência me lembrou um de meus provérbios chineses preferidos: "Os que dizem que não pode ser feito não deviam criticar quem está fazendo." Ela riu e fez os copos tilintarem.

– Volte daqui a alguns meses. Vou convocar alguns amigos que não têm medo de pedir que as pessoas dêem dinheiro. Hoje à noite encontrei uma mulher incrível chamada Jen, que quer se envolver na coisa. Vamos lhe preparar um verdadeiro evento. Sem pessoas sovinas.

APESAR DOS PERCALÇOS, EU SABIA QUE O MODELO dos grupos era o caminho correto. Certamente havia milhões de profissionais refletindo sobre como poderiam direcionar um pouco seus talentos e suas energias para o setor social. Minha caixa de entrada era uma prova viva disso.

Cada vez que nosso trabalho era comentado nas revistas *Fast Company*, *Forbes* ou *Time*, centenas de pessoas me mandavam e-mails com variantes da simples pergunta: "Como posso ajudar?"

Com tanto progresso acontecendo nos Estados Unidos, colocamos como prioridade para 2003 a internacionalização da nossa rede. Londres foi a primeira cidade da lista. Meu celular tocou quando eu estava correndo para pegar o metrô em Nova York, rumo a um encontro em uma fundação especializada em projetos educacionais na Índia. Dean Chan foi direto ao ponto. Era um colega formado na Kellogg que lera um artigo em nossa publicação de ex-alunos sobre a Room to Read. Ele via um grande potencial para o levantamento de fundos na Grã-Bretanha e estava disposto a organizar a entidade no país.

Concordei que o mercado inglês era tentador. Com 68 milhões de habitantes e uma das maiores rendas per capita do planeta, o cidadão britânico tinha plena consciência do papel que podia desempenhar no mundo por conta dos gloriosos dias do Império Britânico. Minha dúvida era se não seria logística e burocraticamente complexo organizar uma entidade filantrópica. Dean respondeu que já tinha estudado as exigências e acreditava que em menos de dois meses conseguiria resolver tudo.

Fiquei impressionado com o fato de ele já ter feito o dever de casa, em vez de me ligar com um fiapo de idéia que ainda não tivesse sido realmente elaborada. Perguntei sobre sua motivação. Ele explicou que a educação fizera uma grande diferença em sua vida e agora que era um adulto bem-sucedido queria devotar parte de sua energia a ajudar outras pessoas a dispor da mesma vantagem.

Descendo a escada da estação de metrô, eu lhe disse que tinha minha aprovação para dar início ao processo. Ele perguntou se eu não podia ir a Londres para falar em seu primeiro evento para angariar fundos. Sim, sim, conte comigo. Sugeri que conversássemos de novo daí a uma semana para acertar os detalhes. O trem estava se aproximando e eu precisava pegá-lo se não quisesse chegar tarde ao meu compromisso.

Será que eu estava realmente concordando em abrir uma sucursal no Reino Unido a partir de uma conversa telefônica de cinco minutos? Concordei até em comparecer ao encontro com um completo desconhecido. Não era o mesmo erro que havia cometido em Boston? Alguma coisa dentro de mim confiava em Dean. Ele parecia autêntico, inteligente e focado. Precisávamos de capital, e os britânicos tinham bastante. Fiquei maravilhado imaginando como isso aceleraria nosso ritmo de crescimento.

Duas semanas depois recebi um telefonema semelhante de Vancouver. Anja Haman era consultora e também lera uma reportagem da *Fast Company* sobre a Room to Read. Sentia-se motivada para dar início a um braço canadense da organização.

– Por que a Room to Read? – perguntei.

– Sabe quando você conquista sucesso nos negócios e percebe que isso não basta e começa a querer algo mais significativo? Pois é. Há tempos que eu procuro uma atividade que contrabalance minha obsessão com o trabalho, e a Room to Read sabe motivar quem está procurando tornar sua vida mais produtiva. Foi a melhor opção que encontrei.

Perguntei por que o Canadá seria um bom mercado. Ela explicou que Vancouver é uma cidade com laços muito profundos com a Ásia: mais de 30% dos habitantes são naturais da Ásia. E contou seu projeto de lançamento da Room to Read:

– Todo ano dou uma grande festa no dia do meu aniversário, mas este ano eu gostaria que a comemoração beneficiasse as crianças que precisam de instrução. Já encontrei um local perfeito, conversei com um punhado de artistas e todos estão dispostos a criar obras que possam ser leiloadas. Sei que devia ter falado com você primeiro, mas assim que li o artigo fiquei tão empolgada que comecei a trabalhar imediatamente. Sou o tipo de pessoa que faz as coisas e depois pede autorização.

Assim como Dean, Anja já tinha investigado o que era necessário para obter o registro de entidade filantrópica na Receita Federal canadense, tornando as doações dedutíveis do imposto de renda.

O custo era de US$ 1.000 e o processo demorava cerca de um mês. E se dispôs a pagar metade se eu bancasse o restante.

Gostei de sua disposição e fiz uma contra-oferta. Como teríamos um evento em São Francisco dali a duas semanas, que tal se ela voasse até lá para que nos conhecêssemos melhor? Ela concordou. Ofereci-lhe meu quarto de hóspedes e prometi enviar um cheque de US$ 500. Antes de desligar, ela me arrancou a promessa de ir a Vancouver para seu primeiro evento.

Já me imaginei fazendo uma viagem de volta ao mundo conectando todas as nossas novas sucursais internacionais: Londres, Hong Kong, Cingapura e Vancouver. Meu velho roteiro de viagem como executivo da Microsoft ia parecer uma coisa de amador em comparação com o que estava à minha espera.

DE SEATTLE AO HIMALAIA, de Hong Kong a Nova York, nossa rede estava funcionando como uma máquina bem azeitada. Achava incrível participar de uma pequena reunião em Chicago ou Londres e encontrar pelo menos 100 pessoas apaixonadas pela nossa causa. Eu acreditava na Room to Read, é claro, mas ver tanta gente engajada tinha um grande significado para mim. Era a confirmação de que tínhamos iniciado um grande movimento coletivo. Os primeiros resultados eram promissores e indicavam o que estava por vir.

HERÓIS DE TODOS OS DIAS: ANGARIANDO FUNDOS NO MONTE EVEREST

Na primavera de 2002, um evento para arrecadar fundos para a Room to Read movimentou um acampamento no Monte Everest. Isso mesmo. Aproveitando a realização da primeira expedição feminina americana ao Everest, menos de 20 anos desde que a primeira mulher alcançara o cume e menos de 10 desde que a primeira americana chegara lá, cinco mulheres destemidas resolve-

ram mostrar ao mundo o que eram capazes de fazer quando se decidiam a isso.

Minha amiga Alison Levine era a capitã da equipe. Pensei em perguntar se não estaria disposta a usar a expedição como uma "plataforma" para levantar doações para construir escolas no Nepal, mas sabia que seu planejamento era insano. Além de trabalhar na Goldman Sachs, ela tentava levantar US$ 250.000 em patrocínio para a escalada e se submetia a um rigoroso treinamento físico. Nas horas vagas, ela ainda buscava levantar US$ 100.000 para subvencionar uma pesquisa sobre o câncer, em homenagem a Jim Valvano, o lendário treinador de basquete da Carolina do Norte. Qualquer dessas coisas já deixaria qualquer um completamente ocupado, por isso concluí que eu devia me concentrar em ser seu parceiro de marcha e esqui, desistindo de perguntar o que ela podia fazer pela Room to Read.

Um dia, durante uma trilha nas belas encostas do condado de Marin, Alison me perguntou quais eram as novidades. Disse a ela que estávamos com quatro novos pedidos para construir escolas e que meu desafio para o próximo mês era encontrar doadores dispostos a patrociná-los.

– Vou descobrir dois patrocinadores para você – disse ela sem perder o passo.

– Como vai fazer isso?

– Não tenho a menor idéia, mas vou dar um jeito. Sempre dou. Quero que uma parte da escalada tenha relação com a ajuda ao Nepal, em vez de ser apenas uma conquista do topo da montanha.

Alison é realmente uma pessoa incrível. Tinha um milhão de razões para não assumir uma tarefa adicional em meio ao esforço febril para subir o Everest. Mas ela não gosta de dizer não. Um sim deixa um eco muito mais positivo em seus ouvidos. Por essa razão, já havia atingido o cume de montanhas como a Denali, no Alasca, e o Monte Vinson, na Antártida.

Dois dias depois, meu celular tocou.

– Oi, é Alison. Estou muito contente! Acabei de encontrar um patrocinador que concordou em financiar as duas escolas que adotei: 85 Broads disseram que fariam isso.

– Oitenta e cinco quem?

– Oitenta e cinco Broads. É um grupo de funcionárias e ex-funcionárias da Goldman Sachs. Como a empresa está sediada no número 85 da Broad Street em Nova York, chamaram o grupo de 85 Broads. Uma gracinha, né?[3] O fato é que as 85 Broads são dirigidas por uma pessoa absolutamente incrível chamada Janet Hanson, e quando falei sobre a escalada e meu objetivo de financiar duas escolas no Nepal ela imediatamente concordou em bancá-las. Amanhã vai lhe mandar um cheque. E então, uma hora depois da nossa conversa, o cara da loja de flores vem até a minha escrivaninha com um enorme buquê. Estou me perguntando do que se trata, porque, você sabe, minha vida amorosa é um desastre. Daí descubro que foi Janet quem enviou. O cartão me deseja sorte no Everest. Eu é que devia mandar flores para ela.

Eu amava a vida. Mais duas escolas. Mais duas aldeias que podíamos ajudar. E outro incrível exemplo de membros da nossa rede fazendo tudo ao seu alcance para ajudar a Room to Read a construir mais escolas.

Felicitei Alison.

– Espere, segure-se, há mais. Ela quer que eu vá com você ao jantar anual das 85 Broads e conte nossa história. Geralmente a presença de homens não é permitida, mas vão abrir uma exceção para você. Haverá pelo menos 200 pessoas.

– Uau! Eu, você e 200 executivas de investimentos. O carma existe!

– Dos bons. Tenho de correr. Tchau.

[3] Broads é também uma gíria americana que significa mulher, dona, perua. (N. do T.)

Como é hábito quando se trata de Alison, a conversa tinha durado menos de 30 segundos. Montes de informação e de boas notícias, tudo baixado rapidamente. Aí reside pelo menos uma parte do segredo de como ela consegue dar conta simultaneamente do equivalente a quatro empregos de tempo integral.

Dois meses mais tarde, Alison estava no acampamento 2 do Everest. Enquanto esperava que o tempo limpasse, foi à tenda do alpinista suíço-italiano Bruno Rodi, que estava sofrendo uma crise de bronquite e se lamentava por achar que aquele seria o lugar mais alto que ia atingir na montanha:

– Sonhei a vida inteira em escalar o Everest. E não vou chegar ao topo.

Alison tentou melhorar seu ânimo.

– Bruno, pouco importa se você colocou ou não sua bandeira no topo do Everest. O que vai importar é se você fez alguma coisa para ajudar o povo do Nepal. O que você vê quando olha em volta? Um dos países mais pobres desta Terra. Devia fazer o que eu fiz e achar um meio de patrocinar algumas escolas. Mesmo se eu não for mais longe que este acampamento de base, o legado positivo da viagem vai me deixar feliz.

Algumas horas mais tarde, recebi o seguinte e-mail:

De: Bruno Rodi
Para: John Wood
Assunto: Novas Escolas no Nepal
Alô, John.
Aqui é o Bruno Rodi, escrevendo para você do Acampamento Base do Everest. Não é possível mandar grandes mensagens daqui, então serei breve. Conheci Alison. Quero fazer como ela e bancar duas escolas no Nepal. Por favor, me envie instruções para o depósito em seu banco. Vou mandar meu escritório na Suíça doar o dinheiro para a Room to Read.

Obrigado, John, pelo trabalho que você faz. Mesmo tendo visto pouco do Nepal, sei como é necessário. Vou fazer contato quando voltar da montanha.

Li várias vezes o e-mail e tentei me convencer de que não se tratava de uma pegadinha. Uma semana mais tarde, o dinheiro bateu milagrosamente na nossa conta. O fluxo de informação começou no Nepal, foi para São Francisco, voltou ao Nepal, depois foi para a Suíça e por fim voltou a São Francisco. E logo estaríamos reenviando o dinheiro para que as escolas começassem a ser construídas, o que fecharia o círculo. Os bits de informação viajaram mais de 56.000km. Mais um mês e aquela torrente de dados seria convertida em tijolos, argamassa, quadros-negros e carteiras. Era um daqueles momentos em que eu agradecia à tecnologia, assim como à incrível rede mundial de voluntários – tão apaixonados pela Room to Read quanto seu fundador.

CAPÍTULO 17

"SUA VIDA É UM CAOS"

OS PRIMEIROS TEMPOS DE ARRANCADA DA Room to Read cobraram seu preço. Embora meu cartão de visita dissesse diretor-geral, na realidade, aquela era apenas uma dentre as muitas funções que eu desempenhava. Eu era também o chefe da captação de fundos, o chefe do departamento de pessoal, o cara que fazia o depósito no banco, o que lambia o selo do correio, o recepcionista que atendia ao telefone e o zelador que, após 14 horas de trabalho, levava o lixo para a caçamba no estacionamento vazio.

As viagens constantes só exacerbavam a sensação de que a vida estava ficando fora de controle. Quando o número de filiais e de eventos de arrecadação de fundos cresceu, também aumentou a pressão para que eu estivesse presente em todos os lugares para contar a história da Room to Read e fechar o negócio.

Na tentativa de evitar a armadilha em que caem muitas entidades – o erro de contratar uma grande equipe no primeiro ano e ter um elevado custo desde o primeiro dia –, tanto eu quanto Erin nos dispusemos a usar muitos chapéus. A humilde folha de pagamento nos permitia dizer aos doadores que seu dinheiro estava indo para programas, não para a burocracia. Mas isso nos sobrecarregava.

O baixo custo era um de nossos principais diferenciais, dado que a maior parte de nossos doadores pregava o evangelho da eficiência econômica de um modo que deixaria Alan Greenspan orgulhoso. Essa "eficiência", no entanto, tinha um preço, pois trabalhávamos horas insanas para manter o crescimento. Minha idéia de um fim de semana era tirar a manhã de sábado ou a de domingo, nunca as duas. E deixar o escritório às 20h, não às 22h, como era hábito.

As horas extras não me incomodavam, pois eu amava o meu trabalho. Mas havia o lado negativo, que era ver minha família com menos freqüência do que gostaria e ter pouco tempo para me exercitar. Na verdade, meus esquis raramente saíam da garagem. E os diretores diziam estar preocupados com a minha saúde; temiam que eu tivesse uma estafa.

Mas o efeito mais devastador se dava nos relacionamentos amorosos. Às vezes eu começava a namorar, e em menos de um mês a garota já estava frustrada com minha falta de tempo. Uma delas chegou a dizer que a Room to Read era "minha esposa, minha amante, minha filha, meu cachorro e minha carreira". E acrescentou: "Inclinar a cabeça e dar um largo sorriso de concordância *não* é a resposta adequada."

Desculpei-me por minha incompetência emocional, mas expliquei que havia encontrado a única coisa que sempre quis: uma carreira com significado e pela qual sinto paixão. "Acordo feliz e empolgado pelo que o dia possa me reservar. Essa é uma rara forma de luxúria no mundo de hoje." Ou seja: eu não era o mais disponível dos solteiros de São Francisco.

EM 2003, ESTAVA CHEGANDO ATRASADO AO escritório para um encontro com dois doadores potenciais. O casal tinha conhecido nosso trabalho durante uma recente viagem ao Vietnã e estava interessado em patrocinar novos centros de informática no Delta do Mekong. Eu tinha quatro minutos para estar lá e 15 quadras da Lombard Street pela frente. Pisei no acelerador na esperança de passar por um bom número de sinais com a luz verde. As únicas luzes que vi chegaram acompanhadas de uma sirene.

O policial era meio gordinho e usava óculos escuros espelhados, como se tivesse saído direto do elenco de um seriado de TV. Baixei o vidro e exibi meu melhor sorriso.

– Oi, como vai? – perguntei num tom pouco convincente.

– Eu vou bem, mas um pouco intrigado com a velocidade em que estava dirigindo. Atrasado para alguma coisa?

Mesmo percebendo, é claro, que a pergunta era apenas retórica, começo a explicar que na verdade, sim, estou atrasado para uma reunião. Faço uma pausa com a vaga esperança de que ele possa sugerir que, bem, nesse caso, vamos esquecer toda essa coisa da multa. Quem sabe ele não me manda seguir atrás dele e descer em disparada a Lombard Street em direção ao escritório da Room to Read, sirene tocando, luzes piscando – uma escolta oficial, exatamente como a que tem o presidente Bush quando visita a cidade!

– Preciso ver seu certificado de propriedade e seguro – diz ele em um tom arrastado, estourando minha bolha de fantasia.

– Tudo bem, eles devem estar em algum lugar por aqui – digo enquanto procuro freneticamente no porta-luvas. – Eis meu seguro obrigatório. Não, espere, este é o antigo. Está aqui. Uau, este também já venceu. Desculpe, senhor, só um instante. Aqui está.

– Obrigado. Agora, que tal sua habilitação? Quem sabe não pode encontrá-la hoje para mim, escondida em algum lugar?

Reviro minha carteira, o porta-luvas e finalmente encontro a habilitação no console entre os dois bancos da frente. Enfiados nela há dois papeizinhos com números de telefones aos quais ainda tenho de dar o retorno. O guarda parece irritado.

– Carteira do Estado de Washington? Seu carro tem placa da Califórnia.

– É, eu morava em Washington.

– E quando se mudou para a Califórnia?

Não sei qual seria a melhor resposta. Deixei o Estado de Washington em 1995, ou seja, oito anos atrás. Desde então morei na Austrália, na China e agora em São Francisco. Tecnicamente, eu deveria ter renovado minha carteira de motorista até 30 dias depois da mudança. Estava um pouco fora do prazo.

– Faz alguns meses – respondo vagamente, esperando que passássemos a outro ponto.

– Tudo bem, vamos adiante. Presumo que saiba que seu certificado de propriedade já venceu.

– Hã... sim, senhor, eu sei. Andei viajando a maior parte do mês passado e perdi alguns prazos. Mas tenho os documentos para a renovação do certificado na minha pasta, juntamente com o cheque. Ia encaminhar tudo hoje. A pasta está na mala. Posso pegar para lhe mostrar?

Ele abana a cabeça num sim. Sua paciência está quase acabando. A mala é uma cacofonia visual. Caixas com livros infantis, fita crepe, papéis soltos, garrafas de água vazias, raquete de tênis com as cordas arrebentadas, tênis de corrida, uma bolsa cheia de roupa suja da minha última viagem a Nova York, extratos bancários sem abrir porque não quero enfrentar a realidade de minhas economias declinantes e, em algum lugar lá embaixo, a pasta com os documentos.

O guarda me atira um olhar de piedade e balança a cabeça. Ele então resume minha existência numa sentença.

– Sua vida é um caos.

Novas imagens surgem em minha mente: o imposto de renda de 2001, de 2002, as caixas de minha mudança que há mais de dois anos continuam fechadas. Balanço tristemente a cabeça concordando com o guarda.

– Sim, senhor, é um caos. Lamento.

Ele percebe que tenho problemas maiores a enfrentar.

– Que tal se eu o deixar ir embora com uma advertência?

Dou um sorriso pateta.

– Sério? Está falando a verdade? Isso seria muito legal!

Ofereço um aperto de mão, como se tivesse acabado de lhe vender um carro usado. Pulo no meu antes que ele tenha tempo de mudar de idéia, prometendo solenemente respeitar os 70km por hora até o escritório.

Sei, é claro, exatamente o que vai acontecer. Apesar da promessa de passar o resto do dia tratando dos documentos, taxas, roupa para lavar e geladeira vazia, haverá problemas da Room to Read que vou achar que são mais urgentes e mais interessantes que as obrigações mundanas que eu devia estar cumprindo. Se a opção é entre obter fundos para uma escola e ficar parado numa fila do departamento de trânsito, vou escolher a primeira.

Talvez seja por isso que nem sempre Bill Gates tem o melhor corte de cabelo do mundo. Ele simplesmente acha que construir a companhia é mais interessante que visitar o barbeiro. E Bill tem 22 anos a mais que eu em sua jornada como empresário.

A VERDADE É QUE MINHA VIDA FINANCEIRA realmente estava um caos. Como muita gente que ganhou um bom dinheiro durante o boom tecnológico, eu presumira ingenuamente que minhas ações só se moveriam para cima. Achei que se os papéis da Microsoft avançassem "meros" 10% ao ano, e se eu usasse apenas os rendimentos, seria capaz de sobreviver sem precisar recorrer à Room to Read.

Quando olhamos para trás, é sempre fácil dizer como nossos erros deviam ter parecido óbvios na época. Em 2003, as ações da Microsoft tinham despencado quase 50%, ou seja, meus ativos estavam cortados pela metade. E é bom relembrar que havia três anos eu estava sem um salário regular. Minha reação era como a de um avestruz que enterra a cabeça na areia: deixava os extratos do banco fechados, se acumulando. Era especialmente difícil assistir à deterioração de minhas economias porque meus pais tinham me criado para ser um poupador. Ter um extrato bancário declinante era algo antinatural para mim, sem contar que, se a tendência continuasse, eu não poderia levar à frente meu sonho.

A realidade bateu à minha porta numa tarde de domingo, quando eu estava correndo ao longo da baía, no Crissy Field, a meca dos esportes ao ar livre de São Francisco. O dia ensolarado havia atraído cada triatleta ou maratonista da cidade. Quando completei os 8km e rumei de volta para casa, reparei na placa "Vende-se" de uma bela casa estilo renascentista italiano. "Essa casa é minha!", quase gritei, pois aquele era um de meus sonhos – ter uma varanda com vista para o Palace of Fine Arts e a ponte Golden Gate.

A casa estava aberta, mas o horário de visita se encerrava em 10 minutos. Sabendo que uma jóia como aquela não costuma ficar muito tempo disponível no aquecido mercado imobiliário de São Francisco, decidi, apesar de minhas roupas suadas, dar uma olhada rápida. Não fui muito longe. Logo ao entrar, vi uma mesa na base da escada com pilhas de folhetos promocionais. Meus olhos se fixaram em tom de adoração em uma foto com a vista para a ponte, o piso de mármore, as estantes de livros cercando a lareira. Enquanto eu me imaginava levando *meus* queridos livros para *minhas* queridas e novas prateleiras ao redor de *minha* querida e nova lareira, meus olhos captaram a lista de preços.

Engoli em seco. Inteiramente fora de cogitação. Dei um rápido giro de 180 graus e voltei para meu apartamento alugado. Naquela noite, jantei com minha amiga Laura. Diante de um prato de frango ao curry, engatei uma conversa sobre como era frustrante não poder me dar ao luxo de ter uma casa decente naquela cidade. Ali estava eu, prestes a entrar na faixa dos 40, e continuava morando de aluguel. Como eu poderia ser considerado um homem de sucesso se chegara àquela idade pagando aluguel? Não fazia parte do sonho americano ter uma casa própria, morar num lugar de sua escolha e saber que aquilo seria seu até o fim de seus dias?

Expliquei meu dilema. Eu poderia ter uma bela casa num lugar que não fosse tão caro quanto São Francisco, mas me sentia pressionado a continuar naquela cidade. Certamente poderia comprar um bom imóvel em uma cidade como Topeka, mas perderia a proximidade com investidores de capital de risco e empresários de tecnologia; nosso orçamento ia sofrer. Havia tanta riqueza em São Francisco que seria contraproducente para a Room to Read se eu morasse em outro lugar.

Pena que, nesse caso, o que funcionava para a filantropia não funcionava para mim. Eu continuava levando a vida como inquilino, jogando dinheiro pelo ralo e não construindo coisa alguma. Minha testa estava suando, pois o curry ampliava a intensidade de minha tensão. No caminho para casa, passei de novo pela casa dos meus sonhos. Na manhã seguinte, recebi um e-mail de Laura que me ajudou a encarar as coisas racionalmente:

– John, seu papel na vida não é morar em uma casa fabulosa com vista para o mar. Até porque você nunca está em casa. Você precisa continuar fazendo o que faz, porque o mundo não está progredindo conforme o esperado, o que é especialmente verdadeiro para os países mais pobres. Não fique pensando que ser proprietário é o que importa. Você possui algo raro: a certeza de que está fazendo, cada dia, exatamente o que devia fazer. Sacrificar isso para ter uma bela casa seria um erro enorme.

Eu sabia que ela estava com a razão e me senti ridículo por ter perdido de vista essa realidade. Uma mudança de atitude, no entanto, não seria suficiente para resolver meu dilema financeiro ou me ajudar a decidir como seria minha sobrevivência a longo prazo.

PARTE III

ACERTANDO O PASSO

CAPÍTULO 18

PONDO AS MENINAS NO SEU LUGAR – A ESCOLA!

EM GRANDE PARTE DO MUNDO EM desenvolvimento, a vida é extremamente difícil para os homens, mas é ainda mais difícil para as mulheres. Por causa de uma tendência cultural e um histórico de dominação e de liderança masculina, as mulheres são freqüentemente tratadas como cidadãs de segunda classe. A maioria das escolhas familiares e sociais é feita em função das necessidades dos homens. As vozes femininas não são ouvidas e suas opiniões (assim como suas vidas) são tratadas como se fossem dispensáveis.

Acredito que essas "regras" começam a ser implantadas desde a mais tenra idade, quando os meninos são mandados para a escola e as meninas ficam em casa para trabalhar ou tomar conta dos irmãos mais novos. A mensagem é clara: os meninos são superiores e seus pais estão dispostos a investir a longo prazo em sua educação. Não deve, portanto, ser surpresa o comportamento masculino preconceituoso e a falta de autoconfiança feminina. O que aprendemos com a idade de cinco ou 10 anos fica a vida inteira conosco.

Há, é claro, outras questões culturais que provocam essa desigualdade. A disparidade no acesso à educação é ao mesmo tempo um propagador do problema e um reflexo dele. Fechar essa lacuna é um poderoso meio de plantar as sementes de uma sociedade mais igualitária – afinal, meninas que vão à escola conhecem seu próprio valor, e os meninos que convivem com elas vão aprender a tratá-las como iguais.

As estatísticas comprovam as enormes desigualdades. No Nepal, o analfabetismo entre homens adultos gira em torno de 39%; entre as mulheres a situação é ainda pior, com 75% de analfabetas. Esse padrão se repete em todos ou quase todos os países em desenvolvimento. A Organização das Nações Unidas estima que 2/3 dos 800 milhões de analfabetos do mundo são mulheres. Isso provoca o efeito cascata, pois a mãe sem escolaridade terá menos conhecimentos para transmitir à nova geração.

Minha amiga Usha, que ajuda a desenvolver um maravilhoso programa para a educação de meninas no Nepal, costuma dizer: "Quando você educa um garoto, você educa apenas o garoto. Mas, quando você educa uma menina, você educa a família inteira, incluindo a geração seguinte."

A Room to Read criou um programa de bolsas de estudo para meninas, o Room to Grow (Espaço para Crescer), na esperança de que a educação mude a vida delas e a de suas famílias. Sempre pareceu evidente à nossa equipe que para promover uma mudança social duradoura é preciso colocar as meninas na escola desde cedo e ajudá-las a ficar lá até o final do curso secundário. Dessa forma, elas desenvolvem sua autoconfiança e aumentam a possibilidade de ter melhores salários e independência econômica no futuro.

A äNDIA é UM PAíS ONDE AS MENINAS SãO com muita freqüência alvo de preconceito. Um voto comum para uma noiva é: "Que você seja mãe de uma centena de filhos." O favoritismo com relação aos meninos é mostrado por outra citação: "Dar à luz um filho é como testemunhar o sol se abrindo no céu. Ter uma filha é como receber alguém que não foi convidado para o banquete."

Anita, uma menina de 15 anos de uma família sem recursos de Nova Délhi, conheceu a equipe local da Room to Read durante sua luta para continuar estudando. Com uma renda familiar de US$ 400 por ano, seus pais lutavam para sustentar a família – o casal e quatro filhos – e por isso costumavam pressionar Anita a deixar a escola para ajudá-los a melhorar a renda. Por muitos anos ela resistiu, mas um dia eles simplesmente anunciaram-lhe que estava na hora de ela se casar.

Anita argumentou que uma formação completa lhe traria muito mais oportunidades que um casamento. Mas os pais estavam decididos – ela deveria deixar a escola e arranjar um marido que pudesse sustentá-la. Ao conversar sobre sua situação com um professor, irrompeu em lágrimas ao falar de seu amor pela escola. Solidário, ele indicou o Room to Grow.

Anita ficou empolgada, falou com os pais e eles se comprometeram a deixá-la continuar a estudar desde que a instituição custeasse as mensalidades. Com a ajuda do professor, Anita apresentou sua solicitação, mas foi informada de que a comissão de seleção local já havia encerrado as inscrições e que o programa estava completo para o próximo ano. Anita entrou em desespero:

– Se vocês não me ajudarem a continuar na escola, vou ter que parar de estudar e me casar dentro de um ano. Meu marido terá melhor formação que eu e vai usar isso para me dominar. Como podem dizer que não vão me ajudar a impedir uma coisa dessas?

Sua persistência e o sincero desejo de receber uma formação impressionaram o comitê, que prometeu estudar a possibilidade de abrir uma exceção. Dois dias depois, Anita soube que a Room to Grow conseguira um financiamento para pagar suas mensalidades escolares, além de uma pequena quantia para que ela tivesse um professor particular. Como seus pais não estavam empenhados em apoiá-la em sua educação, a equipe achou que seria melhor que ela tivesse um mentor dedicado a orientá-la nos estudos.

Hoje Anita vai radiante para a escola. A seu lado está sua irmã mais nova, Sunisha, que cursa o sexto ano e prometeu seguir seu exemplo e permanecer na escola até os 18 anos. Anita não apenas removeu a barreira para sua irmã mais nova, mas fará o mesmo quando finalmente tiver seus próprios filhos. Por mais que eu incentive a Room to Read a ter uma estrutura e regras, é fundamental ter flexibilidade para abrir exceções como esta. Felizmente, nossos colaboradores conhecem profundamente as comunidades.

ALGUMAS PESSOAS ESTRANHAM QUE UM homem se preocupe tanto com a formação escolar das meninas. "Isso não seria antes um problema das mulheres?" Absolutamente não.

Enfrentei essas perguntas em numerosas ocasiões. Na realidade, certos grupos chegavam a perguntar se... hã... bem, não havia um membro feminino da equipe que pudesse fazer a apresentação no meu lugar. Eu respondia educadamente que a correção política desse pedido era meio duvidosa. Só mulheres podem estar preocupadas com o futuro de meninas? Não favorece o movimento de direitos civis ter todo tipo de pessoas lutando pela igualdade?

Minha preocupação é que, se isolarmos o tema da educação de meninas no mundo em desenvolvimento como um "assunto de mulheres", faremos muito menos progresso do que se recrutarmos os dois gêneros no esforço para alcançar a igualdade plena. Não considero a questão apenas como um problema *de mulheres*, mas também *de homens.*

Tive três influências femininas fortes em minha vida: minha avó, minha mãe e minha irmã mais velha. Todas elas me mostraram desde cedo a importância da educação. Lembro-me de minha mãe lendo para mim e, mais tarde, fazendo com que eu lesse para ela. Minha avó sempre me dizia: "Se você tem um livro, jamais ficará sozinho." E minha irmã caçoava de mim falando francês, língua que eu não compreendia, mas que prometi estudar assim que ficasse mais velho. (Quem já me ouviu tentando falar francês pode atestar que fracassei miseravelmente em atingir este objetivo!)

Tenho certeza de que não estaria onde estou hoje se não fosse a influência que aquelas três mulheres tiveram na minha vida. Elas me forneceram um estímulo mental constante e despertaram em mim o interesse pelo aprendizado. Considero que oferecer bolsas de estudo a meninas carentes é, num certo sentido, uma obrigação cármica.

MAS PODE-SE ENCARAR TAMBéM O PROJETO pelo lado racional – como um investimento inteligente, do tipo que oferece uma ótima relação custo/benefício. Afinal, com uma soma relativamente pequena, pode-se mudar o futuro de uma pessoa. O Room to Grow paga as mensalidades escolares, compra os uniformes, a mochila, os livros e cadernos. A bolsista também recebe seguro-saúde, uma bicicleta como meio de transporte e uma conselheira que a acompanhe nessa caminhada. O custo total deste pacote de largo alcance é de apenas US$ 250 por ano. Não é comum ter a oportunidade de mudar a vida de alguém gastando tão pouco.

Para mim, investir na área de educação é uma escolha fácil, tanto do ponto de vista emocional quanto do prático. A maior parte da equipe da Room to Read, aliás, é constituída por mulheres. Elas freqüentaram ótimas escolas, trabalharam e estudaram muito e agora me ajudam a conduzir nossa organização para novos patamares. Quer você use o cérebro ou o coração, vai rapidamente perceber que há poucas iniciativas mais eficazes do que colocar as meninas na escola e fazer com que continuem lá.

A ONU tem defendido a educação para meninas como um dos fatores de maior impacto no mundo em desenvolvimento. Quando elas não têm a oportunidade de freqüentar a escola, diminuem as perspectivas de progresso na luta para eliminar a pobreza global.

Inúmeros estudos mostraram que a crescente participação feminina no sistema educacional traz benefícios para a sociedade como um todo. Entre eles podemos citar:

- melhor saúde materna
- taxas menores de mortalidade infantil
- combate à expansão do HIV/AIDS e de outras doenças que podem ser tratadas preventivamente
- diminuição da fome e da pobreza

EM 2005, RECEBI UM CONVITE PARA DAR uma palestra sobre "a vida depois da Microsoft" em um congresso de software em San Diego. Foi um inesperado lembrete da importância das bolsas de estudo para meninas no mundo em desenvolvimento, pois os promotores sugeriram que eu mostrasse como estava aplicando lições aprendidas no mundo dos negócios no chamado terceiro setor.

Quando solicitei que o cachê de US$ 10.000 fosse doado à Room to Read, os promotores sugeriram que criássemos um desafio para a audiência, estimada em 400 pessoas. No final da minha apresentação, eles me deram o cheque e anunciaram que os fundos seriam usados para financiar 40 anos de estudo para meninas. Nesse momento, então, eles encorajaram as pessoas a dobrarem essa soma para que fosse possível oferecer "80 anos de educação para as meninas".

A proposta recebeu uma entusiástica salva de palmas. Muitos se aproximaram com talões de cheques e cartões de crédito nas mãos. Enquanto eu batia papo com esses novos doadores, um executivo agarrou o microfone e anunciou sua doação de US$ 20.000. A sala irrompeu em calorosas exclamações e aplausos, e mais pessoas seguiram o seu exemplo.

Como havia mais dois oradores inscritos, o mestre-de-cerimônias pediu que todos voltassem a seus lugares de forma a continuar a programação de palestras sobre software. Eu então me recostei na cadeira e sorri imaginando quanta coisa poderia realizar com o dinheiro arrecadado. No primeiro ano da Room to Read, arrecadamos US$ 51.000, sendo que 20% do dinheiro fora doado por mim. Agora angariávamos US$ 35.000 em menos de uma hora e 140 anos de bolsas de estudo se tornavam realidade.

Minhas reflexões foram interrompidas pela copeira que trazia um copo d'água. Ela falou alguma coisa comigo numa voz tão baixa que tive de pedir que repetisse. Obviamente ela não queria interferir com o bom andamento da palestra, mas sem dúvida tinha alguma coisa a dizer.

– Como seria bom se existisse uma Room to Read na cidade onde fui criada – ela repetiu e, sem esperar por uma resposta, contou sua história.

Passara a juventude numa aldeia em Sonora, no Norte do México. Gostava de ir à escola, mas aos 12 anos parou de estudar para ajudar os pais. Trabalhava 10 horas por dia sob um sol abrasador, em uma fazenda, recebendo oito centavos de dólar por hora. Aos 16 anos, entrou clandestinamente nos Estados Unidos e sobreviveu como lavadora de pratos e faxineira. Nunca teve oportunidade de retomar sua educação.

– Se você estivesse lá, talvez eu tivesse permanecido na escola – disse ela com uma voz doce e cheia de sonhos.

Ela era mais ou menos da minha idade. Comparar minha vida com a dela me dava a sensação de que não há justiça no mundo. Eu era um homem branco, nascido na classe média americana, e ela era filha de mexicanos pobres. Nossos destinos tinham sido decididos desde a mais tenra idade. Era como se eu tivesse ganhado na loteria da vida, enquanto ela havia simplesmente ouvido: "Pena, esperamos que tenha mais sorte da próxima vez."

Mas ela não parecia amarga. Seu rosto mostrou uma expressão de orgulho quando ela me falou de sua vida em San Diego.

– Tenho duas filhas, trabalho aqui (no Hyatt) e ganho o piso salarial. Minhas duas filhas freqüentam boas escolas dirigidas pela Igreja católica. Estudam e tiram notas excelentes. Vão ter na vida as oportunidades que eu perdi. Obrigado por fazer seu trabalho, porque ainda há muitas meninas como eu esperando por você. Não se esqueça do México.

Meu cérebro estava fervilhando. Pensei em como essa mulher devia sentir orgulho por ter conseguido construir uma vida melhor para a família. As chances estavam todas contra ela e só se podia especular sobre as dificuldades que ela tivera de enfrentar, e superar, para ter sua vida atual. Seus comentários foram a confirmação da importância daquelas bolsas de estudo para as meninas. Por tudo isso, decidi que iria colocar aquela mulher para falar junto comigo no congresso do próximo ano, pois eu jamais conseguiria fazer uma defesa tão eloqüente da Room to Grow quanto a que ela fez.

Sem dúvida, havia milhares de povoados nos países em desenvolvimento onde as moças não tinham oportunidades educacionais e onde a Room to Read não operava (isso incluía o México). O problema era como colocar mais rapidamente essas meninas na escola. Sabia que tínhamos de acelerar o crescimento. Mas, e se fracassássemos? De fato, não faltam candidatas, mas o grande desafio é encontrar financiamento e contratar mais gente para trabalhar nos programas em cada país, identificando e orientando as meninas. O jeito era pensar em novas oportunidades de conseguir dinheiro e voluntários para nos ajudar a viabilizar nossos planos de crescimento, favorecendo um número maior de meninas.

HERÓIS DO COTIDIANO:
TINA E O PROGRAMA DA ROOM TO GROW

Em meados de 2006 ultrapassamos a meta de 2.000 meninas beneficiadas por bolsas de estudo. Nossos grupos arrecadadores foram verdadeiros heróis ao conseguir isso. Mas nossa mais entusiástica promotora foi Tina Sciabica, chefe da filial de Chicago.

Da primeira vez que nos encontramos, em 2002, ela perguntou se eu poderia participar de um evento beneficente em Chicago. Eu aprendera o suficiente com alguns de nossos desastres beneficentes para fazer algumas perguntas primeiro, e só dizer sim se a disposição do organizador fosse realmente convincente. Tina mostrava tamanho ardor que precisava de um bombeiro para apagar o fogo.

– Tenho visitado muitos países em desenvolvimento, o que tem me proporcionado uma nova visão da enorme diferença que a educação faz na vida de uma mulher. Minha sorte é que uma das maiores prioridades de meu pai era poder pagar meu colégio. Na verdade, fui além e me graduei em direito. Meus pais jamais imaginariam as oportunidades financeiras que tive a partir daí. Como uma americana educada, tenho uma carreira, tenho minha própria casa e só vou me casar se quiser... não porque precise de alguém que me sustente. Ou seja, tenho liberdade ilimitada. Se eu fosse uma mulher sem escolaridade e tivesse nascido em

algum país em desenvolvimento, provavelmente não teria essa autonomia.

Eu disse a Tina que ela não precisava de mim, já que ela era mais eloqüente do que eu quando tocava no assunto. Mas ela insistiu. Como eu continuava traumatizado por aquela noite em Cambridge, precisava de mais informações. Qual era sua motivação? Que parcela de tempo ela estava devotando a transformar o evento num sucesso?

– Vou vender essa idéia para meus amigos e colegas de trabalho – ela respondeu. – O modelo é muito simples e as despesas, poucas, o que permite que as doações se traduzam em coisas concretas. A correlação é direta: se você dá *x* dólares, nós fazemos *y* coisas. Vou avisar a todo mundo que quem comparecer vai ouvir pedidos para financiar por um ano os estudos de uma menina. Isso custa US$ 250. Simples assim. Passe o seu cartão de crédito.

Ela acertara na mosca!

Fizemos um acordo. Eu voaria para falar em seu evento beneficente, mas no futuro ela se apresentaria sozinha para grupos de mulheres de uma ponta a outra de Chicago.

O evento deu início a uma vitoriosa temporada de eventos beneficentes que Tina e o grupo de Chicago realizaram num período de quatro anos. Naquele primeiro evento, ela pediu a um amigo para usar o salão de festas de seu condomínio e convenceu os donos de um pequeno e badalado restaurante indiano a fornecerem os comes e bebes. Enquanto eu beliscava *pakoras* de vegetais e observava a paixão por baixas despesas que Tina compartilhava comigo, ela dava boas-vindas às pessoas e falava eloqüentemente e de forma apaixonada de como era importante ajudar meninas a entrarem na escola. Fiz uma de minhas melhores apresentações e, no final, Tina surpreendeu todo mundo com um anúncio:

– Como John mencionou, a Room to Read pode pôr uma menina na escola e ali conservá-la por apenas US$ 250 por ano. Isto é uma soma muito pequena de dinheiro. Como *headhunter*, sei quanto todos os meus clientes nesta sala faturam por ano (risos nervosos). Por isso, quero lhes dar um incentivo. Para cada doação que fizerem, farei doação igual, dólar por dólar. Meu negócio está num bom ano. Eu não seria uma empresária bem-sucedida se não houvesse tido instrução. Nesta noite nos propomos a dar esta mesma oportunidade a muitas meninas. Eu gostaria de ajudar a Room to Read a adicionar 100 meninas ao programa deste ano. Isso significa US$ 25.000. Vocês sabem o que fazer.

Nesse momento, projetei a foto de uma menina vietnamita com um balão de pensamento sobre a cabeça que dizia: "Aceitam-se todos os principais cartões de crédito". Isso trouxe alguns risos à tona e um tropel de passos para a mesa de doação.

Tina, na verdade, superou o objetivo de seu evento. Nos três anos seguintes, ela viajou a suas próprias custas para visitar bolsistas da Room to Grow no Camboja, na Índia, no Nepal e no Vietnã. Retornou de cada viagem ainda mais animada e continuou a promover encontros e a instigar os amigos a fazerem o mesmo. Chicago continua sendo a nossa sucursal número 1 em arrecadação de fundos nos Estados Unidos.

CAPÍTULO 19

"CONTE COMIGO, DON"

DURANTE OS ANOS 2002 E 2003 RECEBEMOS pedidos para implantar os programas da Room to Read em cerca de uma dúzia de países, da República de Camarões à Nicarágua e ao Paquistão. A demanda parecia ilimitada; nossa equipe e nossas finanças, contudo, não eram. Cada vez que eu tinha de escrever um e-mail para explicar a uma mãe no interior de Bangladesh por que ainda não podíamos ajudar seus filhos, ficava arrasado. Quem era eu para decidir que uma criança tivesse acesso à escola no Vietnã, mas não em Bangladesh?

De qualquer modo, tínhamos planos para acrescentar pelo menos dois países ao nosso portfólio. Vários doadores acharam que era uma decisão precipitada. "Vocês mal se firmaram em dois países, existem há poucos anos e já estão pensando em crescer?" Um chegou até a dizer que cortaria suas contribuições se não "caíssemos na real" e continuássemos apenas no Nepal e no Vietnã. Expliquei por que decidimos expandir nossos programas:

– Com o devido respeito, três anos atrás não sabíamos quase nada sobre o Vietnã e o Nepal, e agora você não está apenas elogiando nosso trabalho, como contribuindo com um cheque anual de US$ 20.000. Prometo que vamos estudar com cuidado cada oportunidade, mas o fato é que o mundo precisa desses programas. Se eu seguir o seu conselho e esperar mais cinco anos para lançar a Room to Read em outros países, as crianças que têm agora cinco anos estarão com 10. Elas não terão uma segunda chance. Você não confia em mim? Eu e Erin estamos contratando uma equipe competente e gastando sensatamente o dinheiro.

Ele concordou e puxou o talão de cheques. Entramos no Camboja em 2002. Já tínhamos feito algumas viagens ao país e identificamos a necessidade de reconstruir sua infra-estrutura educacional. Queríamos participar da retomada do desenvolvimento do país depois do "Ano Zero" imposto por Pol Pot. Os assassinos genocidas do Khmer Vermelho tinham incendiado 80% das escolas e assassinado 90% dos professores. Pôr as crianças de novo na escola seria um modo de ajudar a vida do país a retomar alguma aparência de normalidade.

Nossa maior preocupação era saber se conseguiríamos financiar aquele agressivo plano de crescimento. Mas decidimos adotar a filosofia de Boxer, o cavalo de *A revolução dos bichos*, segundo a qual todas as coisas eram possíveis se o protagonista prometesse a si mesmo: "Vou trabalhar mais."

A Índia foi o quarto país a receber nossos programas. Sabeer Bhatia, co-fundador do Hotmail, provedor de e-mail gratuito que foi vendido para a Microsoft por US$ 425 milhões, adorava me desafiar com estatísticas assustadoras:

– A ONU estima que, por volta do ano 2020, metade da população analfabeta do mundo viverá na Índia. Então, a não ser que tenha uma estratégia indiana, você realmente não tem um projeto para a educação mundial.

Para manter nossos ambiciosos planos de crescimento precisávamos de um número razoável de xamãs ajudando a nos conectar com doadores ricos. Isso incluía Hilary Valentine, que, além de financiar uma escola no Nepal, decidira trabalhar na arrecadação de fundos para nós. Ao perceber quanta coisa boa podia ser feita com tão pouco dinheiro, e ter provas de que aplicávamos criteriosamente o seu dinheiro, ela decidiu apresentar seus amigos ao nosso esquema.

O primeiro evento de Hilary aconteceu no início de 2003, logo após nossa entrada no Camboja. O local, o Alpine Hills Tennis and Swim Club, no Vale do Silício. Quem olhava de fora imaginava tratar-se de um simples clube, mas, quando entrei e vi uma fileira de luxuosos carros alemães no estacionamento, comecei a fazer meu novo "joguinho" preferido – transformar mentalmente artigos de luxo em projetos educacionais no Terceiro Mundo.

Cada carro daqueles provavelmente poderia financiar cinco escolas no Nepal, mas tudo bem, eu sei que esse tipo de comparação podia ser bastante irritante para algumas pessoas. Uma amiga minha colocou a coisa de forma mais clara: "Quando eu apareço com um novo par de Manolo Blahniks, você nunca comenta como eles me deixam elegante. Está sempre pensando no preço dos sapatos e em como eles financiariam dois anos da bolsa de estudo de uma menina."

Tínhamos grandes expectativas para aquela noite. Hilary e dois amigos haviam convidado uma multidão endinheirada com forte propensão filantrópica. Na hora do coquetel, fui levado pela sala e apresentado ao maior alvo de todos. Pouco antes de dar início à minha apresentação, Hilary disse:

– Já fiz minha parte, agora cabe a você. Se sua mostra de slides e sua conversa forem convincentes, vai facilmente conseguir US$ 20.000 ou US$ 30.000 dessa multidão.

Esse comentário me deixou um pouco nervoso, mas também trouxe uma onda de energia. Se eu conseguisse conquistar os corações e as mentes daquelas pessoas, seríamos capazes de dizer sim a um número muito maior de aldeias e, muito provavelmente, dar passos concretos para fazer a Room to Read Camboja decolar. Hora do show!

Comecei minha mostra de slides explicando por que eu tinha deixado a Microsoft e o que tinha experimentado durante a transição. Muita gente no mundo dos negócios tem a sua própria fantasia sobre abandonar o emprego e fazer algo mais gratificante em termos pessoais, mas teme os enormes complicadores que podem surgir, tanto na área financeira quanto na pessoal. Eu disse que, embora estivesse vivendo com muito menos dinheiro, havia uma "compensação cármica". Nesse momento, apresentei slides de estudantes nepaleses e vietnamitas lendo livros e também de nossos mais recentes projetos, incluindo três novos jardins-de-infância no Vietnã. E encerrei com imagens de meninas sorridentes no dia em que começaram a estudar com bolsas patrocinadas pela Room to Grow.

– Atualmente estamos desenvolvendo o programa de bolsas de estudo para meninas no Nepal e no Vietnã e também pretendemos entrar no Camboja. Há um enorme problema com as órfãs deixadas pelo Khmer Vermelho, que estão sendo vendidas para prostituição. Nossa esperança é manter as adolescentes na escola, para que elas desenvolvam a autoconfiança e tenham a oportunidade de conseguir um bom trabalho no futuro. Já identificamos uma centena de meninas a quem gostaríamos de dar uma bolsa de estudo, mas nos faltam recursos. Tenho três meses para levantar o dinheiro antes que o ano escolar comece. Se formos bem-sucedidos, o destino dessas meninas será para sempre alterado pela dádiva da educação, uma coisa para a vida toda.

– De quanto você precisa? – ecoou uma voz vinda do fundo da sala.

Don Listwin, uma lenda do Vale do Silício, tinha feito a pergunta. Elegante em seu blazer azul, calça jeans e mocassins sem meias, parecia saído das páginas de moda das revistas *Wired* ou *Esquire*. Ex-vice-presidente da Cisco, atual diretor-geral da Openwave, ele estava multimilionário aos 45 anos. Ficara conhecido como um generoso investidor em áreas que iam da educação à pesquisa do câncer.

Como eu não estava acostumado a ser interrompido no meio de apresentações, pedi que ele repetisse a pergunta.

– Eu disse que quero saber *exatamente* de quanto dinheiro você precisa para colocar 100 meninas na escola.

Isso é o Vale do Silício. Don não queria examinar o conceito; queria avançar diretamente para a execução prática. Respondi que precisávamos de US$ 250 por ano para custear os estudos de uma menina no Camboja, o que dava um total anual de US$ 25.000, ou US$ 150.000, para cobrir toda a extensão dos estudos.

– Obrigado – Don estrondou. – Vou interromper nossa bem preparada mostra de slides para fazer um anúncio e um desafio. Para cada bolsa patrocinada, vou fazer uma doação igual, dólar por dólar, menina a menina, ano a ano. Precisamos fazer isso. Sem desculpas.

Ele tinha fama de ser generoso e decidido quando se tratava de desafiar outros a seguir o seu exemplo.

– Além disso, há pessoas aqui que trabalharam comigo na Cisco e outras que estão trabalhando comigo na Openwave. Quero que prestem atenção no que vem agora. Para cada escola patrocinada, vou responder assumindo outra.

Pausa dramática.

– O que me diz disso, Mark?

Mark, sentado uma fileira à frente de Don, deu um riso nervoso. Fez uma pausa, provavelmente calculando quanto dinheiro faturou trabalhando para Don nos últimos anos. Percebendo que US$ 8.000 são um "erro de arredondamento" nas suas contas de investimento, ele respondeu:

– Conte comigo, Don!

– Ótimo. E quanto a você, Bill? – Os olhos de Don se voltaram para o próximo alvo.

Pobre Bill. Ele não suporta apenas a pressão de Don, mas também o exemplo de Mark.

– Conte comigo também, Don.

Com isso, Don sorri e balança a cabeça em minha direção para dizer que eu podia continuar. Estou boquiaberto. Não é todo dia que alguém que você mal conhece não apenas faz o seu trabalho, mas faz melhor que você.

– Tudo bem, Don, mas antes de continuar gostaria de relembrar com o que você acabou de se comprometer.

– Não repita... Só vai me deprimir.

Ele dá uma risadinha marota e eu retomo a exibição de slides completamente relaxado, já sem experimentar qualquer pressão sobre o sucesso ou não do evento. Tudo o que preciso fazer é acabar logo minha apresentação e deixar que as pessoas corram para a mesa de doações e patrocinem as bolsas de estudo.

Felizmente é o que fazem. O desafio de Don não só é aceito, mas levado ainda mais longe. Dina, que trabalhara com ele na Cisco, faz um cheque "muito maior do que eu tinha planejado, só para acompanhar o de Don". Outro doador, sem estardalhaço, me passa um cheque de US$ 20.000 e me manda aplicá-lo onde fosse necessário.

É a noite mais bem-sucedida de nossa jovem história. Ansiosos para comemorar, eu e a comissão organizadora saímos para jantar. Minha cabeça rodopia enquanto mastigo os números. A sensação é de que nossa pequena entidade acabou de ascender para um novo patamar. Hilary pede champanhe e brindamos ao que, para nós, parecia um dos melhores encontros de negócios na história do Vale do Silício.

P.S.: HILARY E DON, EMBORA NãO FOSSEM namorados na época da reunião, logo se tornaram. Casaram-se em junho de 2005. Para homenageá-los, banquei a bolsa de estudo de uma menina. Não pedi que Don copiasse o meu gesto.

CAPÍTULO 20

OS ESTUDANTES DO CAMBOJA

A HISTÓRIA E O DESTINO NÃO TINHAM sido generosos com o povo do Camboja. As ameaças ao seu bem-estar pareciam ter vindo em ondas durante os últimos 50 anos: a colonização francesa, os efeitos colaterais dos bombardeios americanos durante a Guerra do Vietnã e o brutal regime do Khmer Vermelho, que promoveu um genocídio que eliminou quase 2 milhões dos 15 milhões de cidadãos do país.

Os sobreviventes devem ter se perguntado se realmente haviam tido sorte. O país tinha uma economia arruinada, pouca infra-estrutura, mais de um milhão de órfãos e nenhum governo atuante. Essa cena descreve a situação no início dos anos 1990, quando visitei o país pela primeira vez. Mas o que me deixou impressionado foi o espírito do povo cambojano, de resistência e determinação.

Na primeira viagem que fiz à capital do Camboja, Phnom Penh, sentei-me na varanda do meu hotel comendo ovos com torradas e fui imediatamente cercado por crianças pequenas esperando conseguir algum dinheiro. Um menino se ofereceu para engraxar meus sapatos, enquanto outro me apresentou um arranjo de jornais estrangeiros, que iam do *Süddeutsche Zeitung* ao *USA Today* e ao *Financial Times*. Comprei três jornais enquanto o outro menino engraxava feliz minha sandália.

Pensei nessa cena em 2001, quando eu e Erin estávamos planejando uma nova expansão. O Camboja parecia um lugar natural para trabalharmos, dada a falta de infra-estrutura educacional, a forte ética do trabalho e o respeito pela educação, graças à influência budista e confuciana. O Khmer Vermelho tinha incendiado a maioria das escolas e matado 90% dos professores em sua guerra contra a elite intelectual. Nessa época, a pessoa podia ser assassinada simplesmente por usar óculos.

Decidimos que a melhor resposta a essa barbárie era ajudar as comunidades cambojanas a reconstruir escolas e bibliotecas. O que fora destruído precisava ser substituído. Na primavera de 2003, já tínhamos contratado uma equipe local e aberto um escritório em Phnom Penh. Fiz minha terceira viagem ao país para visitar os projetos pioneiros.

Inicialmente, fiquei na capital, com suas amplas avenidas de influência francesa. Agora, além de me oferecerem jornais ou sapatos engraxados, jovens empreendedores tentavam me pegar para uma corrida em suas motos. Bastava pisar na varanda do Renaksi Guest House, sorrir e acenar para o grupo. Um, dois, três, quatro, cinco... eu me divertia contando quantos segundos a comitiva de motos ia demorar para frear, pneus cantando em meio a uma nuvem de poeira, a poucos centímetros dos meus pés. "Para onde vai?", "Quer ir até um bar?", "Vou levá-lo", "Levei você ontem, está lembrado?", gritavam ao mesmo tempo, cada um sorrindo e jogando duro para ganhar a corrida de US$ 1 até o café e galeria de arte Java, onde eu passava a manhã sob um precário ventilador de teto escrevendo meu diário.

É que aquele podia ser o único negócio do dia para eles. Era óbvio que o número de motos na frente do hotel era superior ao número de hóspedes. Então eu escolhia cada dia um motorista diferente e me perguntava em que momento eles perceberiam a manobra e parariam de dizer: "Está lembrado de mim? Ontem levei você." Certa manhã, perguntei a um deles quais eram sua formação, seus sonhos na vida e seus negócios.

– Antes de 1995, eu só falava um pouco de francês, mas agora todo dia eu guio a moto e aprendo inglês.

Disse a ele que seu inglês era admirável. Quis saber se tinha família.

– Sim, tenho dois filhos, um de 11 e outro de sete anos. Digo que devem estudar e aprender mais que seu pai. Minha formação foi interrompida pelo regime de Pol Pot. Disse ao meu filho mais velho: "Estude com vontade que eu lhe compro um belo relógio." Ele se saiu bem na escola, por isso cumpri minha promessa. Agora falta o irmão mais novo, que está estudando muito, e por isso também quero lhe dar um relógio. Suas notas são boas. Um dia eles terão uma vida melhor que a minha, talvez trabalhando para o governo ou no escritório de uma firma. Mas só o conseguirão se estudarem.

Chegamos ao café Java. Tive vontade de derramar minha carteira em cima dele para que seus filhos pudessem ter a melhor educação possível. Lembrei-me, no entanto, de meu amigo Vu, no Vietnã, de seu orgulho, e achei melhor não fazer nada que o ofendesse. Disse apenas que ele era um homem inteligente para ter aprendido inglês tão bem e que seus filhos tinham sorte de ter um pai tão dedicado. Dobrei a tarifa para US$ 2 e pedi que usasse o dólar extra para comprar o relógio para o filho mais novo.

A força da educação, a crença e a esperança de que a escola proporciona a chave para um futuro mais luminoso – essas idéias são onipresentes na maior parte do mundo. Quando vejo os pais cambojanos sorrirem ou, pensativos, falarem sobre a vida que sonham para os filhos, me sinto estimulado a continuar trabalhando horas insanas e a fazer o que for preciso para ajudá-los a realizar esse sonho.

NA MANHã SEGUINTE, AVISEI à TURMA DE motoristas que ia passar alguns dias fora da cidade. A equipe da Room to Read estava me levando para as cerimônias de inauguração de nossos primeiros dois centros de informática na remota província de Kompong Cham.

Saímos de Phnom Penh às 7h30 para dar início à longa viagem de três horas. Uma hora depois do início da jornada, Dim Boramy, o diretor de nossa filial, convidou-me para um lanche em um quiosque de beira de estrada. Havia dezenas de cambojanos empoleirados em banquinhos de plástico, o vapor subindo das grandes vasilhas de sopa de macarrão. Ninguém falava, o ar estava cheio de um coro de ruídos de sorver.

Lembrei-me dos protestos de minha mãe, nos meus tempos de garoto, contra esse ato de má educação ao comer. "Diabo, agora sou adulto", pensei, e sorvi ainda mais alto do que os outros. Boramy me superou, mas logo tornei a lhe passar a perna. A "competição" deixou Boramy menos intimidado por estar pela primeira vez viajando ao lado do diretor-geral.

Duas horas mais tarde, chegamos à escola de Tong Slek, onde dezenas de professores e centenas de estudantes estavam esperando para inaugurar o centro de informática. Ao passar pelo local antes da cerimônia, notei que cada um dos monitores, teclados e mouses estava coberto com capas protetoras contra a poeira. E percebi também que havia uma cama com um cobertor num canto. Pedi a Boramy que perguntasse o que era aquilo.

Um professor explicou que a escola tinha encomendado uma fechadura para a porta e trancas para a janela. Até que aqueles acessórios, indispensáveis para a segurança, fossem colocados, os professores estavam se revezando e dormindo no centro. Fiquei impressionado e tomei nota mentalmente para mais tarde compartilhar a história com Bill Draper, que me dissera que os únicos projetos de ajuda que funcionavam eram aqueles onde os habitantes locais se sentiam proprietários.

Minhas reflexões foram interrompidas por um garotinho. Ele se aproximou corajosamente e anunciou num inglês perfeito:

– Obrigado pela Room to Read. Meu sonho é ser empresário. – E me passou um desenho.

Agradeci e perguntei se podia ficar com o desenho. Ele abanou positivamente a cabeça, apertou minha mão e se misturou à multidão. Meus pensamentos rapidamente giraram em direção ao Nepal, onde uma menina tinha escrito um bilhete sobre *sua* nova sala de computadores: "Obrigado por esta máquina maravilhosa dentro da qual o mundo está escondido." Esses centros de informática estavam se tornando um poderoso complemento às bibliotecas tradicionais, pois os estudantes podiam se apaixonar pelos livros e usar a internet para ter acesso a todo o conhecimento do mundo.

O diretor da escola interrompeu minhas reflexões. A cerimônia estava prestes a começar. No pátio se amontoavam centenas de crianças, incluindo 25 meninas que estavam recebendo bolsas de estudo. Depois de dar boas-vindas aos anciãos da aldeia e à equipe da Room to Read, o diretor da escola falou:

– É incrível uma área rural receber um investimento como este. Quem tem essas oportunidades são sempre os habitantes da cidade. Por favor, diga aos seus doadores que hoje estamos muito felizes, porque agora nossas crianças não precisam deixar a aldeia para ter uma boa educação. Dizemos aos pais, especialmente aos pais de meninas: não deixem suas filhas se tornarem prostitutas ou largar a escola; se elas permanecerem até o nono ano, vão aprender inglês, vão aprender a mexer com computadores e terão maiores oportunidades e uma vida melhor.

Uma professora então se levantou. É raro mulheres nessas comunidades rurais falarem em público. Pareceu uma atitude espontânea da parte dela, pois o diretor da escola ficou um tanto alarmado. Com paixão intensa, ela falou sobre o centro do ponto de vista das mulheres:

– As meninas são sempre vistas com desdém em nossa sociedade, mas a Room to Read treinou professoras como eu para compreender os computadores. Vocês não treinaram só os professores. Agora nós podemos mostrar que também somos competentes e que podemos ensinar às crianças as novas técnicas. Isso vai mudar o modo como as meninas vêem a si mesmas e como são tratadas pelos outros. Só tenho um pedido para lhe fazer, Sr. John. O instrutor que o senhor mandou é bom e útil, mas temos a impressão de que ainda não aprendemos o bastante. Gostaríamos de saber se ele não pode ficar mais um mês aqui.

Perguntei ao instrutor, um genial garoto de 19 anos que tínhamos recrutado em um curso de informática, se para ele estava tudo bem. Ele inclinou a cabeça em concordância e olhou para os professores como se todos formassem uma só família. Então perguntei a Boramy, em voz baixa, quanto estávamos pagando ao orientador: US$ 25 por mês – foi a resposta. Disse à professora que aquilo era algo que eu não poderia resolver e que Boramy era o encarregado de todas as decisões.

Boramy tentou manter a fisionomia séria, mas um sorriso logo irrompeu em seu rosto. Ele disse que sim, em khmer e em inglês. Duas vezes. Os professores aplaudiram e eu senti, no fundo do coração, a forte convicção de que tínhamos tomado a decisão certa ao lançar nossos programas naquele país. Com isso, cortamos a fita vermelha na porta do centro de informática. Sem desperdiçar um segundo, os alunos correram para a sala, ávidos por começarem a aprender aquela nova tecnologia.

Eu quis saber mais sobre nossas meninas bolsistas. O diretor nos apresentou a Nam Sreyny, uma moça tímida e meiga de 16 anos cuja primeira fase na escola fora interrompida por dificuldades financeiras em casa. O pai morrera há dois anos, e Nam e a mãe sobreviviam com o que conseguiam "arrancar" de um pequeno lote de terra arrendada. Como a mãe não podia pagar a mensalidade de US$ 5 e a escola secundária mais próxima ficava a 32km de sua casa, ela foi obrigada a largar os estudos depois do sexto ano.

Felizmente, a equipe da Room to Read no Camboja tinha ficado a par da situação de Nam Sreyny durante uma visita de rotina aos professores da aldeia. A moça sempre tirou boas notas. Era tímida em público, mas decidida quando se tratava de devorar um livro ou de fazer o dever de casa. A equipe ofereceu-lhe uma bolsa de estudo, uniforme, sapatos, uma sacola de livros e material escolar. Uma das professoras recebeu uma ajuda de custo para hospedar Nam durante a semana, e ela recebeu uma bicicleta para poder ir para casa nos fins de semana, para ajudar a mãe a cuidar do sítio e dos animais.

CAPÍTULO 21

AMPLIANDO OS LIMITES DA REDE

FELIZMENTE, A REDE DE VOLUNTáRIOS DA Room to Read continuou a crescer no mesmo ritmo de nossos programas. Por volta de 2005, tínhamos grupos em Atlanta, San Diego e Washington, D.C., além de filiais internacionais em Milão, Paris e Sydney. Surgiu naturalmente uma competição entre os grupos para ver quem arrecadava mais. A coisa começou quando o grupo de Chicago levantou US$ 75.000 em uma única noite. Os nova-iorquinos prometeram ultrapassar a quantia. E o fizeram, elevando a marca para US$ 82.000.

A equipe de São Francisco plantou sua bandeira pouco tempo depois, ao gerar mais de US$ 90.000 num evento "Reading Room" que contou com imagens ampliadas de quatro bibliotecas (no Nepal, Camboja, Vietnã e Índia) estampadas nos cantos da sala. Semanas depois, o pessoal de Londres sediou um jantar particular que contribuiu com mais de US$ 100.000. Foi tudo feito num clima de boa vontade e cooperação. Era engraçado ver os e-mails voando ao redor do mundo enquanto as marcas iam sendo batidas.

O grupo de Hong Kong tratou o recorde britânico como se fosse algo facilmente superável. Eles diziam em tom de brincadeira:

– Os britânicos levam a vida inteira para tomar decisões. Aqui em Hong Kong nos movemos depressa. Sem a menor dúvida, vamos fazer as pessoas doarem mais que US$ 100.000 em nosso próximo evento.

Perguntei quando seria o próximo evento deles, e eles responderam com um ar distraído:

– Quando você pode estar aqui?

Seis semanas depois, lá estava eu num vôo transoceânico. O antigo líder de Hong Kong havia se mudado para Cingapura e tínhamos uma equipe quase inteiramente nova. Eu conhecia de passagem Robin e Robert e encontrara Fiona no verão anterior, no Laos. Depois de perguntar o que eu fazia para ganhar a vida, ela se comprometeu a fazer o que pudesse para ajudar a levantar dinheiro para nossa iminente chegada ao Laos. Isso era tudo o que sabíamos um do outro.

O evento de Hong Kong foi realizado no One Bar and Grill, um badalado e amplo espaço com piso de tábua corrida e mármore nas paredes. Após apresentar meu show de slides, anunciei que a equipe local queria bater os ingleses, que naquele momento detinham o recorde do levantamento de fundos. O alvo era US$ 125.000. Quem estava disposto a nos ajudar?

Três pessoas gritaram que iam doar de imediato.

– Vou bancar uma escola por US$ 10.000.

– Vou dar US$ 2.500 por 10 anos para a bolsa de estudo de uma menina.

– Vou dar US$ 1.000, e minha firma costuma duplicar a doação.

Mais três pessoas gritaram que iam bancar bolsas de estudo de longo prazo. Um outro ergueu a mão e murmurou:

– Cinco.

– Quinhentos? – perguntei.

– Não, US$ 5.000.

Enquanto nossos convidados gritavam seus números, minha calculadora mental somou mais de US$ 75.000. Nesse momento, Jacques Kemp, que estava no comando do ING's na Ásia do Pacífico, anunciou que eles doariam US$ 70.000. Sim, tínhamos ultrapassado nossa meta!

Mas não havia como anunciar isso, e fazê-lo teria sido contraproducente. As pessoas continuavam se oferecendo para financiar escolas. Todos haviam viajado pela Ásia, tinham visto a pobreza e sentiam vontade de fazer alguma coisa. Naquela noite, estavam respondendo à nossa proposta com um febril ímpeto filantrópico. A marca final: US$ 330.000.

A equipe tirou uma foto para compartilhar com os outros grupos, informando que Hong Kong estava agora "usando a coroa".

MUITOS DOADORES E VOLUNTáRIOS ACOMPANHAM passo a passo nosso progresso pelo site www.roomtoread.org ou pelos boletins trimestrais. Uma pessoa que sempre mantinha contato, apesar de sua vida agitada, era Bruno Rodi, o alpinista suíço-italiano que, no acampamento no sopé do Everest, decidira subvencionar duas escolas no Nepal. Ora ele estava na Índia, numa viagem de negócios, ora em sua casa em Montreal, ora cruzando o país de esquis com os dois filhos rumo ao Pólo Norte. Era uma espécie de versão filantrópica de *Onde está Wally?*

Certa noite, em junho de 2003, mais ou menos um ano após Bruno ter feito o primeiro contato comigo, eu estava jantando com amigos, quando meu celular tocou. Geralmente eu sigo uma regra fundamental: nunca responder a telefonemas durante um compromisso pessoal. Mas naquela noite algo me disse que eu tinha de atender àquela chamada, embora não pudesse saber quem era pelo número que aparecia. Desculpei-me e deixei a mesa.

– Alô, John, é Bruno Rodi. Estou ligando de Katmandu.

– Oi, Bruno. É bom ouvir você. A que devo o prazer de uma chamada telefônica do Nepal?

– Bem, há três dias eu estava no topo do Everest. John, este ano eu consegui. Ano passado fiquei me sentindo muito frustrado, e a única coisa que fez com que eu começasse a me acostumar com a idéia de que não ia chegar ao topo foi Alison ter me convencido a construir duas escolas. Agora, para comemorar, quero financiar mais duas escolas no Nepal. Por favor, me mande os dados como no ano passado e eu enviarei o dinheiro para sua conta.

Incrível. Bruno continuava ampliando seus limites, tanto na vida quanto em termos de compaixão. Sorrindo, voltei à mesa de jantar, ansioso para explicar aos meus amigos como valera a pena atender àquela ligação.

NEM TODOS OS DOADORES SãO BEM-SUCEDIDOS empresários globalizados. Nessa mesma época, recebi um e-mail de um potencial doador do Tennessee:

Para: john@roomtoread.org
De: Kapila Devkota
Assunto: Queremos Construir uma Escola

Caro John,

Li sobre o projeto da Room to Read em outubro passado e fiquei muito impressionado. Temos uma filha chamada Kripali, de oito anos de idade, que adora ler. Ela acabou de completar o segundo ano e já leu mais de 500 livros. Depois de ficar sabendo de seu projeto, falamos a Kripali sobre ele. Sugerimos que não comprasse tantos livros para si, que em vez disso economizasse o dinheiro para criar oportunidades mais significativas e duradouras de leitura para outras crianças menos privilegiadas do Nepal. Como Kripali tem acesso a computadores e a boas bibliotecas, poderia facilmente fazer isso sem comprometer seu desejo de ler. Desde então ela começou a poupar parte de sua mesada para um projeto da Room to Read. É muito empolgante ver nossa filha empenhada numa causa tão boa.

Este ano, durante as férias de verão, Kripali vai angariar fundos entre nossos familiares e amigos. Pelo que entendemos, é preciso levantar US$ 5.000 para uma escola. Estamos (somos) otimistas quanto à possibilidade de ter essa soma reunida em fins de agosto de 2003.

Pedimos, portanto, que nos aconselhe e nos oriente para saber se estamos nos movendo na direção certa e se há alguma coisa específica que possamos fazer ou na qual deseja que nos concentremos. Por favor, nos informe.

Espero ter notícias suas em breve e aguardo ansiosamente trabalhar com você nessa causa.

Obrigado.

Sinceramente,

Kapila Devkota
Girija Gautam
2036 S. Church Street
Murfreesboro, TN 37130

Fiquei muito impressionado com o e-mail. "Essa menina tem pais realmente legais", eu pensei, enquanto os imaginava empenhados em ajudá-la a sentir a alegria de ler e a satisfação de servir os outros. Encaminhei-o a uma dúzia de nossos voluntários mais dedicados. Queria compartilhar com eles a comovente história.

Percebi como eu era afortunado por ter a oportunidade de conhecer tantas pessoas que acreditam que a educação proporciona independência, auto-suficiência e progresso para a humanidade. Melhor que tudo, por conhecer pessoas dispostas não a sentar para falar dos problemas, mas a entrar em ação. Às vezes fico tão envolvido no dia-a-dia que esqueço como esta rede de patrocinadores tem sido extraordinária. A Kripali e seus pais, eu queria simplesmente dizer obrigado.

HERÓIS COTIDIANOS: A PRÓXIMA ESCOLA DE KRIPALI

A escola no Nepal patrocinada por Kripali foi concluída em 2003. Mandamos para a família fotos dos alunos e dos professores posando orgulhosamente na frente do novo prédio. Os pais dela me responderam imediatamente dizendo como estavam felizes em ver os resultados do esforço de Kripali. Eles também perguntaram se eu não podia dar um telefonema para falar com ela. "Você é seu herói", eles diziam, "e seria muito importante se ela pudesse falar com você. Além disso, Kripali tem uma idéia que quer compartilhar com você."

Tal revelação me deixou muito nervoso. Se uma criança pequena o vê como herói, bem, você realmente não vai querer estragar a coisa. Fiz algumas anotações para a chamada, como se estivesse me preparando para um encontro com Bill Gates.

A voz do outro lado da linha era tímida e baixa. Agradeci pelo trabalho que ela havia feito levantando dinheiro e disse que agora centenas de crianças poderiam ter uma vida melhor graças à instrução que iam receber na nova escola. Disse também que todos no escritório de São Francisco estavam impressionados

com sua capacidade de arrecadação. Sua voz então irrompeu com um volume ligeiramente mais alto:

– Quero fazer mais.

Lembrei que já tinha feito bastante, certamente mais que a maioria dos adultos. Mas ela repetiu que queria fazer mais. Neste ponto, seu pai, ouvindo em outra linha, explicou que Kripali já tinha planos para levantar dinheiro para uma segunda escola. Kripali estava planejando vender bilhetes de rifa no próximo congresso dos nepali-americanos que viviam no Sudeste dos Estados Unidos. Já havia convencido os comerciantes locais a doarem um microondas e um DVD player, e seu objetivo era ter pelo menos 10 brindes. Ia vender os bilhetes a US$ 10 e esperava que cada uma das 800 pessoas que iam assistir ao congresso comprasse pelo menos um.

– Você vai subir no palco, não vai, Kripali? – o pai perguntou.

Ela concordou em voz baixa.

– Está nervosa por ter de aparecer na frente de tantas pessoas, mas nós a convencemos de que o modo mais fácil de vender bilhetes é subir no palco pouco antes do discurso mais importante. Prometi a Kripali que vou acompanhá-la. Depois faremos contato para você ficar sabendo como foi.

Concluí que o heroísmo podia ser uma coisa recíproca. Estava maravilhado com Kripali e seus pais e prometi comprar alguns bilhetes da rifa. Desliguei o telefone e compartilhei com minha equipe aqueles últimos desdobramentos dessa inspiradora história. Erin brincou sugerindo que "ligássemos para Harvard e mandássemos reservar um lugar para Kripali na turma de 2018".

CAPÍTULO 22

DEMOCRACIA EM AÇÃO NA ÍNDIA

EM 2004, NOSSO PROGRAMA NA äNDIA SE desenvolveu mais depressa do que havíamos esperado. Precisávamos de resultados e crescimento acelerado, dado o alto índice de analfabetismo no país. Imaginemos as populações combinadas dos Estados Unidos, Canadá e México, todas sem saber ler ou escrever, e teremos uma idéia da dimensão da tarefa com que havíamos nos comprometido.

Para esse desafio, contratamos Sunisha, uma diretora com experiência no setor educacional que trabalhou vários anos na CARE, uma das maiores ONGs mundiais com projetos sociais. Exatamente como no Camboja e no Nepal, eu e Erin tínhamos encontrado na Índia pessoas incríveis, gente apaixonada por educação que trabalhava em grandes organizações de ajuda. Fomos capazes de convencer Sunisha a subir a bordo da Room to Read porque alguns grupos estavam se movendo mais devagar do que seria o ideal.

Boramy, nosso diretor no Camboja, disse, ao se unir a nós, que a crença geral entre ONGs era que "os cambojanos ainda não estavam prontos para dirigir suas próprias organizações". No caso dele e de Sunisha, oferecemos a oportunidade não só de guiarem o carro, mas de conduzi-lo, sem demora, em alta velocidade.

Durante seu primeiro ano à frente da Room to Read na Índia, Sunisha montou uma equipe e formou parcerias com várias ONGs. Ela rapidamente assinou acordos para instalar cerca de 300 bibliotecas bilíngües, com livros em hindi e inglês, beneficiando mais de 100.000 crianças.

Um dos primeiros lugares onde começamos a trabalhar foi no desértico Estado do Rajastão. Essa parte do Noroeste da Índia é uma das áreas mais carentes em um país desesperadamente pobre. Em Jaipur, a capital do Estado, a Room to Read fez uma parceria com uma ONG local chamada Digantar para estabelecer centros de leitura em cinco escolas públicas. As crianças liam tão rapidamente os livros que lhes caíam nas mãos, tal era o seu entusiasmo, que logo foi preciso aumentar o acervo disponível.

No final do primeiro ano, vários pais perguntavam se a biblioteca não poderia funcionar durante as férias de verão. Em vez de ficar a maior parte das seis semanas brincando pelo povoado, não seria melhor se pudessem gastar um pouco desse tempo livre cultivando suas mentes?

Como acontece com freqüência, um burocrata encontrou um motivo para dizer não. A direção estava relutante em dar as chaves da escola para o pessoal da Digantar. Não entendíamos que risco poderia haver. Mesmo se a biblioteca não fosse muito bem tratada durante o verão, certamente era melhor do que mantê-la fechada. Em minha mente passaram imagens daquele armário que vi em 1998 no Nepal, com os livros trancados para que não fossem destruídos.

Felizmente, a Digantar chegou a uma solução e encontrou locais alternativos para instalar a biblioteca durante as férias. Na aldeia de Kundanpura, por exemplo, o templo local funcionou como guardião temporário dos livros. As crianças receberam autorização para usar o pátio ou os jardins na frente do templo, podendo assim exercitar tanto as mentes quanto os corpos.

Em pouco tempo, cerca de 80 jovens leitores passaram a visitar diariamente a biblioteca temporária. Até os alunos da escola particular do povoado começaram a freqüentar a sala de leitura do templo. Não havia barreiras sociais para acessar o conhecimento: na fila matinal para escolher os livros, casta, sexo e situação financeira eram irrelevantes. Lá, pessoas de diferentes classes socioeconômicas se misturavam sem problemas.

Quando as férias terminaram, 10 estudantes da escola particular perguntaram a Gajanand, o bibliotecário, se seria possível continuar pegando livros emprestados durante o ano letivo. Ele balançou negativamente a cabeça e disse que os livros seriam devolvidos à escola pública e que os estudantes da escola particular não teriam acesso a eles. Queixas encheram o ar. Gajanand explicou que dependia da administração da escola, que já tinha provado não estar disposta a se afastar um milímetro do manual de regras.

Os alunos então propuseram uma solução alternativa. Talvez uma biblioteca semelhante pudesse ser montada na escola deles. Gajanand explicou que a Room to Read não contemplava escolas particulares. "E se a biblioteca da escola pública funcionasse após o horário das aulas?", arriscaram os garotos. Não era possível. Gajanand trabalhava à noite na biblioteca de uma aldeia vizinha.

Os alunos não se deram por vencidos. Fizeram um abaixo-assinado em que pediam de maneira amistosa que Gajanand examinasse a idéia de dar apoio a uma biblioteca na escola deles – ou começasse a montar uma biblioteca pública no povoado, que funcionasse também no período noturno.

Aldeia de Kundanpura, 22 de junho de 2005
Namaste,

Gajanand-ji, nós começamos a ler um monte de bons livros em sua biblioteca. Gajanand-ji, você nos conta muitas histórias incríveis e também brinca conosco e nos ensina a desenhar. Trinta crianças de nossa escola freqüentam a sua biblioteca. Pedimos que você amplie o horário de funcionamento até às 18h, para que também possamos freqüentá-la. Sem isso, não vamos mais conseguir ler nada tão bom e incrível. Também queremos que você abra uma biblioteca em nossa escola.

Obrigado.

Seus obedientes alunos,
Nikhil Karadiya
Suraj Chauban
Classe VII

Gajanand explicou que teria de conseguir aprovação tanto da Digantar quanto da Room to Read. Nesse meio-tempo, arranjou um encontro com o diretor da escola particular, que se comprometeu a designar um professor para ser treinado por ele.

Informada do interesse dos alunos, Sunisha decidiu abrir uma exceção e organizou a primeira biblioteca da Room to Read em uma escola particular. Graças à determinação e à perseverança de um pequeno grupo, 300 alunos de uma remota aldeia do Rajastão começaram o ano letivo tendo acesso a uma biblioteca novinha em folha.

CAPÍTULO 23

O TSUNAMI

No Natal de 2004, fiz uma coisa bastante inusitada: programei uma semana inteira de férias, após comemorar o quinto aniversário da Room to Read indo ao Camboja, a Hong Kong, a Cingapura, a Londres e à Etiópia, em um total de mais de 160.000km percorridos. Estava na hora de dar uma parada, e meu objetivo era viajar por prazer, não a trabalho.

A última meia década fora uma maratona de reuniões incessantes, com um telefonema atrás do outro e montanhas de e-mails para responder ao final de cada dia. Eu e Erin tínhamos planejado um agressivo plano de crescimento para 2005, de modo que minha esperança era recuperar o fôlego e voltar ao escritório pronto para mergulhar no novo ano.

Primeiro passei três dias na casa de praia de amigos em San Diego, correndo à beira-d'água na maré baixa, andando de bicicleta bem atrás de minha amiga Julie, que é guia de trilhas, e desfrutando as melhores *fajitas* que a cidade tinha a oferecer. Depois de San Diego, rumei para a casa de minha irmã, nos arredores de Boulder, Colorado. Meus pais também estavam planejando passar por lá, de modo que eu tinha levado vários gigabytes de fotos de nossos novos projetos para mostrar a eles.

Meus primeiros dias com a família foram relaxantes, pois consegui ficar longe dos e-mails e desfrutar uma verdadeira folga. Como adoro atividades ao ar livre, fiz longas caminhadas e passeios de bicicleta e passei tardes preguiçosas sendo aniquilado por minha sobrinha e meu sobrinho em videogames. Quando estava pronto para descascar outra camada de estresse, recebi um alarmante telefonema de um amigo. Um tsunami havia atingido a Ásia, deixando um violento saldo de destruição em seu rastro.

As imagens da destruição pareciam apocalípticas. Sabia que os canais de notícias 24 horas podiam às vezes exagerar no tom de "Juízo Final", mas não havia como negar as imagens que estavam chegando da Indonésia, da Tailândia, do Sri Lanka e de outros países situados às margens do oceano Índico.

Milhares de pessoas já haviam morrido e esperava-se que o número final fosse muito mais alto. Povoados inteiros tinham sido arrastados para o oceano. Nada fora poupado, nem casas particulares, nem hospitais, nem escolas. Ao ouvir esta última referência, minha mente disparou. Centenas de escolas arrasadas. Milhares de órfãos tinham sobrevivido, mas havia poucos adultos para ajudá-los a refazer suas vidas.

Quem construiria novas escolas e ajudaria as crianças a voltar à vida normal? Como se para responder a essa pergunta, liguei rapidamente para a United Airlines e fiz uma reserva no primeiro vôo para minha casa em São Francisco. As férias tinham terminado.

NO DIA SEGUINTE, 29 DE DEZEMBRO, ME CONECTEI à internet no aeroporto de Denver e despachei um e-mail para meu amigo Bob Uppington, que dirige uma entidade educacional baseada no Sri Lanka chamada Shiva. Torcia para que ele estivesse a salvo e sabia que, nesse caso, eu teria uma boa fonte de informação do tsunami. Eu queria obter um informe em estado bruto de alguém em quem confiava e que estava dentro do país.

Chegando ao escritório, encontrei uma pequena equipe de plantão para cuidar da habitual onda de doações de final de ano. Todos pareceram surpresos com a minha presença. Expliquei minha intenção de sondar alguns amigos que poderiam ajudar na reconstrução de escolas nas áreas afetadas pelo tsunami. Antes de fazer isso, reparei que Bob tinha respondido à minha mensagem. Contemplei a Golden Gate estendida contra um perfeito e calmo céu de cobalto, respirei fundo e abri a mensagem.

As notícias eram ainda piores do que eu temia. Estimativas preliminares indicavam que, só no Sri Lanka, pelo menos 200 povoados haviam perdido suas escolas. Com a devastação na Indonésia numa escala semelhante, era possível imaginar que pelo menos 500 escolas haviam sido varridas do mapa. A conta ia aumentar assim que as comunidades que estavam isoladas fossem contatadas.

Bob estava planejando encher uma van com comida, água e suprimentos médicos e partir na manhã seguinte para o distrito de Ampara, uma área na costa leste que tinha sido severamente atingida. Desejei-lhe sorte na jornada e encorajei-o a "não ser tímido" ante a necessidade de se comprometer com projetos de reconstrução de escolas. Sabia que o orçamento de Shiva era muito menor que o nosso e quis que ele soubesse que podia contar conosco. Digitei então freneticamente, esperando que lesse a mensagem antes de viajar para Ampara: "Se passar por um povoado que perdeu sua escola, diga a eles que vamos levantar o dinheiro para reconstruí-la. Tem a minha palavra de que vou ajudá-lo o mais que puder em termos de financiamento."

Sentia-me como nos primeiros dias da Room to Read, quando não fazia idéia de onde viria o dinheiro, mas tinha a mais profunda certeza de que não íamos descansar até conseguir ajudar aquelas comunidades. E, exatamente como nos primeiros tempos, fiz um bule de café para me preparar para passar a noite mandando e-mails e ligando para pedir o apoio de potenciais doadores.

MEU CELULAR TOCOU CEDO NA MANHã SEGUINTE. Michele, nossa recém-contratada consultora de relações públicas, estava ligando com boas notícias. Conseguira agendar uma entrevista na CNN para que eu pudesse falar sobre nossos planos de ajudar a reconstruir escolas no Sri Lanka. Fiquei um tanto confuso. Como a emissora sabia de nossos planos?

– Liguei ontem para eles depois de receber seu e-mail pedindo indicações de pessoas ricas que pudessem doar. Como conheço um produtor lá, telefonei e falei de você. Precisam de especialistas em Ásia para discutir o impacto do tsunami e o futuro daquelas comunidades. Depois que falei de você, eles disseram que parecia uma grande idéia, por isso vão fazer contato amanhã ou depois de amanhã para uma entrevista ao vivo.

Protestei dizendo que não queria ficar na frente de milhões de pessoas quando nossos planos ainda eram tão vagos. Sequer estivera no Sri Lanka e ainda não podia dizer o nome de uma única aldeia que planejássemos ajudar. Meu "pé-de-meia" para o Sri Lanka era insignificante: apenas US$ 12.000.

Com seu lacônico mas firme sotaque do Texas, Michele explicou qual era o meu papel naquela situação:

– Você cobriu a região da Ásia para a Microsoft durante cinco anos e há outros cinco dirige uma obra social que já construiu mais bibliotecas que qualquer outra instituição de caridade atuando naquele continente. Goste disso ou não, você é agora um especialista em Ásia e essa é realmente uma boa oportunidade para contar a milhões de pessoas o grande trabalho que sua equipe está fazendo.

A NOITE DO DIA 1º DE JANEIRO TALVEZ fosse o momento ideal para aparecer na CNN. Após as grandes comemorações da véspera, milhões de pessoas estariam enroscadas em seus sofás, o controle remoto numa das mãos e o telefone sem fio na outra para pedir uma pizza. A audiência tendia a ser muito mais alta que de hábito. E o tsunami ainda estava gerando grandes picos nos índices de audiência.

Saber disso me deixou ainda mais nervoso. Liguei para minha amiga e vizinha Kim para perguntar se ela não me ofereceria um drinque para relaxar. Em pouco mais de uma hora, cerca de um milhão de pessoas estariam me ouvindo descrever uma estratégia que ainda era embrionária. A Room to Read não tinha gente em campo nem projetos identificados e, naquele momento, contava apenas com uma pequena doação.

Kim me acalmou. Passamos em revista algumas perguntas potenciais enquanto eu sorvia o uísque com gelo. Ela me deu um grande abraço de apoio quando me dirigi para a limusine da CNN que viera me pegar. Dez minutos mais tarde cheguei ao estúdio de São Francisco. O único empregado, um cameraman cujas férias tinham sido interrompidas pelos acontecimentos, explicou como as coisas funcionavam.

Para minha surpresa, eu não seria capaz de ver o âncora durante nossa entrevista. Estaria, em vez disso, olhando para uma parede. Embora pareça que há duas pessoas batendo papo, a realidade é bem diferente. Minha única conexão com o âncora em Atlanta seria um fone de ouvido, através do qual ouviria as perguntas.

– Três minutos para entrar no ar. – Minhas reflexões foram interrompidas.

Empoleirei-me na cadeira e ajustei o fone de ouvido. Carol Lin, a âncora, se apresentou e disse que entraríamos no ar em 60 segundos. Ela começou me perguntando por que eu fundara a Room to Read; dei um suspiro de alívio por ver que estávamos começando com uma pergunta fácil de responder. Em seguida, discutimos nossos planos para o Sri Lanka e quando eu achava que ia conseguir começar o trabalho. Os produtores então tiveram a gentileza de colocar na tela o endereço do nosso site, onde doações poderiam ser feitas.

Estava tudo acabado antes mesmo de começar. Três segundos depois, meu celular tocou. Eram amigos de Seattle dizendo que estavam surpresos por me ver na TV. Também disseram que eu precisava escolher melhor a gravata, mas tive de desligar para atender Erin na outra linha. Ela e o marido também estavam impressionados, e ela disse que eu me saíra realmente bem. Meu telefone continuou a tocar, como em uma prévia do que estava por vir.

Durante as semanas seguintes, todos os telefones celulares, fixos e a linha de fax do escritório entraram em hiperatividade. Um número esmagador de espectadores da CNN queria saber se podia ajudar. Velhos amigos ligaram para dizer que estavam passando listas de doação em suas empresas. As filhas de meus bons amigos

John e Lauren aproveitaram um sábado frio de Seattle para montar uma barraca de "Chocolate quente contra o tsunami".

Minha idéia favorita veio de Parkgate, uma escola primária montessoriana de Londres. Catherine, a enérgica diretora da escola, ligou para dizer que os alunos tinham inventado uma nova técnica para angariar fundos. Estavam vendendo o que chamavam de "Silêncio Patrocinado". Por 10 libras a hora, os pais podiam simplesmente manter apertado o botão *Silencioso* dos filhos. As vendas desse novo "serviço" foram bastante robustas. Ri imaginando como o produto dessas crianças estava alcançando um valor de compra muito mais alto que o de minhas pinturas de barcos.

Fomos sacudidos por essa onda de entusiasmo e de criatividade. As pessoas podem ser muito empreendedoras. E isso foi apenas o começo.

ENQUANTO ISSO, A EQUIPE DA CNN SUGERIRA uma segunda entrevista, dessa vez no programa *Headline News*. A repercussão prometia ser ainda maior que a da entrevista original, já que o programa tinha uma hora de duração e era colocado "em rotação" por seis horas consecutivas. Sabendo que Kara, nossa gerente operacional, estava sobrecarregada, pedi sua permissão antes de dizer que sim. Felizmente ela disse que trabalharia o número de horas que fosse preciso para dar conta do volume de chamadas.

Fiquei mais à vontade nessa segunda apresentação e, é claro, as múltiplas reprises da entrevista levaram a um volume de telefonemas ainda maior. Quando entrei no escritório, vi quatro funcionários falando ao telefone, todos freqüentemente proferindo palavras como *escolas, tsunami* e *Sri Lanka*. Nosso escritório lembrava uma corretora de valores. Para ajudar, atendi o máximo possível de chamadas.

Minha amiga Catherine ligou de Londres para dizer que, em vez de presentes para seu aniversário, estava pedindo cheques para o programa da Room to Read no Sri Lanka. Julie Trell, uma amiga que eu não via há muito tempo e que agora trabalhava para a Fundação Salesforce, me disse que sua organização pretendia igualar todas as doações feitas através do site deles para a Room to Read. Mandei essas notícias a Steve, um doador que mora em Nova York, e ele imediatamente depositou US$ 25.000.

Em meio às ligações, dei as boas-vindas a Bella, nossa mais nova funcionária. Ela vinha trabalhando conosco em regime temporário, mas tinha sido efetivada na equipe de arrecadação. Tendo acabado de chegar de uma tranqüila folga esquiando em Whistler, ficou um pouco confusa com o barulho dos telefones tocando e perguntou o que estava acontecendo.

– Hum... bem, enquanto você estava fora, lançamos a Room to Read no Sri Lanka.

– Impossível.

– Sim, acredite ou não, foi o que fizemos. E aqui está uma pilha de telefonemas para provar isso. Kara não saiu do telefone. Sempre que desligava, já havia duas novas mensagens deixadas durante a ligação. Vamos precisar que você comece a atender algumas dessas chamadas.

– Não posso acreditar. Fico sete dias fora e nesse pequeno intervalo vocês entram num novo país! Acho que perdi tempo me preocupando com minha mudança de emprego.

– Não entendi.

– Estava com medo de que a Room to Read tivesse um ritmo mais lento. Vocês zeraram essa preocupação.

A PRÓXIMA CHAMADA VEIO DE MINHA amiga e vizinha Kim, perguntando o que podia fazer para ajudar no dilúvio. Propus que ela e a babá do filho, Melanie, de 20 anos, passassem o final de semana no escritório comigo. Tínhamos mais de 100 escolas pedindo que mandássemos folhetos e documentários em DVD e um idêntico número de pais e professores com idéias para campanhas, todos precisando ter suas perguntas respondidas. Assim, durante o fim de semana, Kim, Melanie, Baker, o filho de 18 meses de Kim, e seu Labrador preto, Pakse, me ajudaram a dar conta das solicitações.

Uma das primeiras ligações de Kim foi para a família Rasch, em Maryland, cujo filho, Jacob, em conjunto com dois primos que moravam em Boston, tinha desenhado uma "pulseira tsunami". Esperando se beneficiar do interesse pelas pulseiras de borracha lançadas pelo ciclista Lance Armstrong, Jacob, David e Danielle tinham projetado uma versão tricolor (azul para o céu, amarelo para a terra, verde para a água) com as palavras "Reconstrua. Restaure. Renove. – Solidariedade Tsunami 2005".

O objetivo deles era ter as pulseiras produzidas por menos de US$ 1, vendê-las três vezes mais caro e doar o lucro para a Room to Read. Os primos estavam passando férias com as famílias em Miami, em 26 de dezembro, e tinham entrado em ação numa velocidade de que qualquer grande empresário teria se orgulhado. No dia seguinte o layout do projeto estava sendo enviado por fax de Miami para um produtor de pulseiras em Guangzhou, na China.

A idéia era encomendar 5.000 pulseiras, que renderiam um lucro de US$ 10.000. Pedi que Kim ligasse para os pais dos meninos e perguntasse se estariam dispostos a participar de alguma ação de relações públicas. A história parecia ter todos os ingredientes de uma boa reportagem: o tsunami, uma resposta decidida à coisa, o entusiasmo da juventude, a capacidade empreendedora e uma nova moda para impulsionar ainda mais a febre das pulseiras.

Falei com Michele, nossa relações públicas, assim que recebi o sinal verde dos pais. Como os primos eram de Boston e de Maryland, decidimos mirar no *Boston Globe* e no *Washington Post.* Três dias depois, a história dos primos empreendedores saía nos dois jornais. Agora era a vez *deles* de experimentar na própria pele como é estar no olho do furacão. Escolas de todo o país ligavam para perguntar se podiam fazer um pedido das pulseiras.

A encomenda ao fabricante chinês passou para 10.000, depois para 20.000 e mais tarde para 40.000 pulseiras, e o telefone continuava tocando. Um endereço de e-mail foi criado: *tsunamibands@aol.com*, e logo os pedidos chegavam a 70.000 unidades. A mais quente tendência da moda entre os adolescentes americanos tinha sido projetada em menos de 24 horas por três primos de 10 anos.

ENQUANTO ISSO, EU CORRIA ATRáS DE NOVOS doadores. No dia 10 de janeiro embarquei em um vôo da Singapore Airlines de São Francisco para Hong-Kong. Tinha planejado uma viagem de volta ao mundo para chamar a atenção da mídia e captar verbas para enfrentar a tragédia do tsunami. Estavam previstas paradas em Hong Kong, Cingapura, Zurique e Londres. A diretoria da Room to Read, temendo que eu estivesse esgotado demais depois de trabalhar sem parar nos feriados de final de ano, generosamente me promoveu para a classe executiva, sob a alegação de que pelo menos assim eu conseguiria dormir um pouco. Minutos depois da decolagem meus olhos pesaram e dormi 12 das 14 horas de vôo.

Ainda bem que descansei, pois a pesada agenda que me aguardava em Hong Kong requeria energias restauradas. A Edelman, uma das principais agências de relações públicas do mundo, tinha nos adotado como cliente preferencial, o que se traduziu em entrevistas para três jornais, uma revista e dois canais de TV. Nesse meio tempo recebi o telefonema de uma fundação querendo doar US$ 50.000 para a reconstrução das áreas atingidas. Em um encontro no café da manhã, uma empresa de Hong Kong avisou que estava contribuindo com US$ 100.000.

Mas o encontro mais importante da viagem seria em Cingapura, embora eu ainda não soubesse disso. O escritório da Edelman tinha programado outras entrevistas, e uma delas provou ser importante para nossos nascentes esforços no Sri Lanka. A jornalista que fez o texto da reportagem, Suba Siva, me disse que admirava nossos esforços, já que ela mesma era natural do Sri Lanka. Deixou então escapar que estava planejando tirar uma folga do trabalho para voltar lá como voluntária.

Fiquei muito interessado. E rapidamente passei de entrevistado a entrevistador. Devido à violência política, sua família deixara o Sri Lanka rumo à Austrália quando ela tinha 12 anos. Mais tarde, Suba foi para o Reino Unido estudar na London School of Economics, e trabalhou como analista de investimentos no banco Morgan Stanley. Agora estava "passando o tempo" como jornalista até que seu curso de pós-graduação começasse. Era obviamente inteligente, já que Yale, Georgetown e Berkeley estavam competindo por ela com ofertas de bolsas de estudo.

E o que eu podia lhe oferecer? Um trabalho gratuito numa organização que ela acabara de conhecer e que ainda nem contratara seu primeiro funcionário no Sri Lanka. De qualquer forma, estimulei-a a não assumir nenhum compromisso com outras entidades antes de discutir conosco a possibilidade de ajudar a Room to Read a decolar no país.

– Olhe, acho que devia conversar com Erin, nossa gerente operacional. Precisamos de alguém que vá para o Sri Lanka como nosso representante. Estamos trabalhando com a Shiva, uma ONG parceira, mas precisamos ter uma visão geral do país e encontrar outros grupos com quem possamos construir relacionamentos. Admito que estamos começando, mas espero que isso torne tudo ainda mais atraente para você. Não vamos dizer o que fazer; em vez disso, vamos pedir que descubra. Se quiser uma chance de ajudar o Sri Lanka, ela está aqui. Temos uma extraordinária soma de recursos entrando e nada a impedirá de pensar grande. E temos equipes formidáveis na Índia e no Nepal que poderão orientá-la. Pense nisso, ok? No final do dia vou lhe mandar um e-mail e apresentá-la a Erin.

Jason, da Edelman, me arrastou para outra entrevista, dessa vez para a CNBC. Erin falou com Suba no final da tarde e também ficou impressionada. O efeito deve ter sido recíproco, porque em uma semana Suba assumiu o cargo de diretora da Room to Read no Sri Lanka. Um mês depois já abrira um escritório, enchera um depósito de livros e montara a primeira equipe.

GRANDE PARTE DOS VALORES E DAS ATITUDES de nossa organização pode ser vista em nossa resposta inicial ao tsunami. Verdadeiros empreendedores não temem declarar ao mundo que vão ocupar um nicho de mercado ou oferecer um novo produto ou serviço, mesmo que não estejam inteiramente seguros de como vão fazer isso. Eles simplesmente assumem o desafio.

Em nosso caso, a equipe da Room to Read concluiu que, se escolas tinham sido destruídas, era preciso encontrar um modo de reconstruí-las. Já sabíamos exatamente qual ia ser nossa estratégia no dia em que fui à CNN? Não. Mas às vezes, se você espera até todo o seu plano estar desenvolvido e fechado, o mundo terá seguido adiante e deixado você para trás.

A outra lição importante é que, assim que propusemos um objetivo corajoso, milhares de pessoas se agruparam em torno dele. Cingaleses que viviam nos Estados Unidos se comprometeram a retornar ao país, às suas próprias custas, para ajudar na arrancada da Room to Read. Um deles transferiu suas milhas de viagem para que Erin pudesse supervisionar os projetos no Sri Lanka. A Scholastic nos ofereceu 500.000 livros, com as despesas de expedição pagas por eles, e centenas de escolas, da Malásia a Tóquio, de Vancouver a Londres, iniciaram campanhas para levantamento de fundos.

Acredito que a maioria estava motivada exatamente pela ausência de estratégias definidas para o Sri Lanka. Era a oportunidade ideal para que cada homem ou mulher exercitasse sua criatividade e inventasse o seu próprio papel. Se tivéssemos um projeto 100% detalhado, a perspectiva de contribuir teria sido menos interessante, já que não exigiria nenhuma iniciativa pessoal.

EM ABRIL, APESAR DE TER ACABADO DE SABER que estava grávida de seu primeiro filho, Erin partiu para o Sri Lanka. Estava ansiosa para conhecer Suba, com quem só havia falado via Skype e e-mail, e ver os progressos obtidos, ficar a par dos obstáculos. Enfrentou com bravura a longa série de vôos: de São Francisco para Seul, de lá para Délhi e depois para Colombo.

Enquanto isso, eu voava para assistir à conferência da Skoll Foundation sobre empreendedorismo social na Universidade de Oxford, na Inglaterra. Cinco dias depois, acordei cedo, confuso pela súbita mudança de fusos horários. Ao abrir meu e-mail, a primeira mensagem que encontrei era de Erin, com o título "Uma mensagem de esperança do Sri Lanka":

Querida família da Room to Read e amigos,

Acabei de chegar de uma viagem chocante à costa leste do Sri Lanka. Demoramos mais de nove horas de carro em uma estrada de mão dupla, com asfalto muito ruim, que atravessa a região montanhosa central para chegar ao distrito de Ampara – uma estrada compartilhada com caminhões, ônibus, carros, motos, bicicletas, tratores e vacas! Em outras palavras, uma típica estrada de país em desenvolvimento.

Ao chegar, fizemos contato com a Shiva Charity, que é nossa parceira na reconstrução de escolas danificadas ou destruídas pelo tsunami. Eles têm duas equipes trabalhando em tempo integral para levantar as mais de 20 escolas subvencionadas pela Room to Read. Mas antes de visitar as obras, agora em terrenos distantes do mar, graças aos novos regulamentos sobre as zonas de risco, demos um giro pelas áreas atingidas pelo tsunami.

É difícil descrever o grau de devastação. Enquanto caminhávamos pelas pilhas de entulho a poucos metros do mar, tentei imaginar o que deve ter acontecido na tranqüila manhã de domingo quando as grandes ondas chegaram. Estima-se que 12 mil pessoas morreram no distrito de Ampara. Em certas áreas não sobrou absolutamente nada de pé. Em outras, uma parede de tijolo indica onde havia uma casa. Os habitantes contam uma história atrás da outra sobre como aquela casa abrigava um casal e cinco crianças e agora sobrava apenas uma criança... ou como um pai perdeu a esposa e todos os seis filhos. Todos perderam alguém próximo e querido naquela tranqüila manhã de domingo.

Há campos de refugiados por toda parte e barracas enchem as ruas. Mas, tirando as barracas, a água potável e a comida, todos se queixam de que nada mais aconteceu. Ouviram dizer que muita coisa foi doada, mas poucos receberam algo para reconstruir a vida.

A atividade do governo e das entidades internacionais de socorro é intensa no sul, onde há boas estradas e o turismo é forte. Ampara, no entanto, fica na fronteira com a área controlada pelos Tigres do Tamil; por isso, a assistência do governo é menos presente. As pessoas tentam tirar o entulho com as mãos, e o trabalho parece estar sendo feito principalmente pelas mulheres. Os homens apontam para o mar e dizem que deveria haver centenas de barcos chegando, dada a quantidade de dinheiro que foi doada, mas que só chegaram algumas dezenas.

No lado menos sombrio, porém, nós da Room to Read já construímos três pré-escolas, tendo mais 17 aguardando. Somos uma das primeiras organizações a começar projetos de reconstrução. Cada escola atende a cerca de 50 crianças e também é um ponto de encontro para as mulheres da comunidade. Estas pré-escolas serão administradas pela Shiva (que pagará seus custos de operação) e pela Organização para o Bem-Estar Social do Distrito de Ampara (que arranjará os professores e supervisionará o currículo). Já podemos ver crianças se pendurando nos balanços com sorrisos em seus rostos. As mães nos dizem que estamos ajudando a devolver esperança após tanta tristeza. É indescritível a sensação de energia e mudança positiva que estamos ajudando a criar.

Eu podia continuar falando sobre muitas outras coisas: as mais de 100 barreiras militares que atravessei, o alarme de tsunami da noite passada que reacendeu muitas emoções nas pessoas, o corrupto e terrivelmente ineficiente trabalho de socorro às vítimas, o giro de helicóptero que dei pelas áreas afetadas com o ministro da Defesa e Mary Eisenhower (neta do presidente Eisenhower), as incríveis voluntárias da Room to Read (duas cingalesas: uma moradora da Califórnia e recém-formada na International Education School de Harvard; a outra vivia no Reino Unido e abandonou uma carreira no banco Morgan Stanley), ou mesmo a maravilhosa noite que passamos num orfanato numa cidadezinha da costa leste, onde as meninas nos ensinaram uma dança estilo hindi e nós ensinamos a elas o hokey-pokey e a macarena.

Mas o e-mail já está longo demais e só quero dizer que este país encontrou rapidamente um lugar especial no meu coração e me sinto abençoada em ser parte de uma solução.

Tudo de bom para todos vocês,
Erin

Havia um outro e-mail, dirigido só a mim, em que Erin dizia achar que nossa estimativa inicial de que deveríamos reconstruir 20 escolas era conservadora demais. Havia muitas aldeias devastadas, e ela e Suba perguntavam se não poderíamos duplicar nosso plano. E, como tantas vezes acontecera na breve história da Room to Read, respondi que sim, apesar de não saber de onde viria o dinheiro.

A julgar pelas mais de 100 mensagens na minha caixa de entrada – a maioria das quais perguntando "como posso ajudar?" –, o financiamento não ia ser problema. Como para provar que meu otimismo seria recompensado, um grupo de estudantes de Oxford foi atrás de mim no final daquele dia para me oferecer um cheque de 9.000 libras (cerca de US$ 16.000), que tinham levantado para ajudar os países atingidos pelo tsunami. Bem, ali tínhamos o financiamento para uma das 20 escolas adicionais. Num ritmo desses, eu só precisava de recursos para mais 19.

DO OUTRO LADO DO MUNDO, OS FUNDOS para as vítimas do tsunami levantados por milhares de estudantes estavam sendo bem utilizados na cidadezinha rural de Munamaple. Quando o tsunami chegou, varrendo os poucos recursos que as pessoas tinham, a vida passou de difícil a quase impossível nesse povoado no sul do Sri Lanka.

Felizmente, uma das líderes da comunidade sobreviveu, juntamente com sua família, e vem desempenhando um papel vital em sua reconstrução. Chintha, uma professora, se aproximou da Room to Read para ajudar a reconstruir o jardim-de-infância do povoado, que atendia 35 crianças. Além disso, propôs a criação de uma biblioteca que pudesse ser usada por todos os estudantes a partir das 15h, quando a pré-escola não estivesse mais funcionando.

Suba e a equipe do Sri Lanka ficaram impressionadas com o espírito e a fibra de Chintha e de seu marido, Shantha, que se ofereceu para trabalhar em tempo integral para a Room to Read. Disse à nossa equipe que não precisava de dinheiro e que lhe bastava ter acesso a recursos capazes de ajudar as crianças a começar sua jornada de volta a uma vida normal. Toda manhã, o casal e seus quatro filhos chegavam ao local da construção para organizar o trabalho do dia. O filho caçula, Kavith, de quatro anos, tirava os tijolos, um de cada vez, da pilha e os levava para os atarefados pedreiros que faziam subir as paredes. "Exatamente como o pai, ele não se queixa, apenas faz o que acha que deve fazer", nos informou Suba por e-mail.

Os pais de Chintha se prontificaram a cozinhar para a equipe de trabalhadores. Diariamente, panelas fumegantes são levadas para o local da construção com arroz e peixe ao curry. Três gerações de uma mesma família unidas para ajudar a reconstruir uma comunidade devastada.

Dez meses após o tsunami, a nova escola foi oficialmente reaberta. Se algum dia houve uma cerimônia de inauguração que eu lamentasse perder, sem dúvida foi essa. Fiz a promessa de um dia visitar Munamaple para conhecer essa extraordinária família. Estou também com muita vontade de experimentar o peixe ao curry.

INSPIRADO POR HISTÓRIAS COMO ESTA, eu e minha equipe continuamos a trabalhar ininterruptamente para convencer empresas, fundações e pessoas ricas da necessidade de ajudar na reconstrução do Sri Lanka. Felizmente, a verba continuou a fluir, o que nos permitiu reabrir 22 escolas no prazo de um ano. Suba e sua equipe estavam com outras 16 escolas quase prontas – e planos para mais 50 unidades ao longo dos próximos dois anos.

Cada escola representava algum grau de esperança e de otimismo para as aldeias. Também penso que simbolizava a singular capacidade que a humanidade tem de criar ordem no caos, de superar as adversidades e de progredir a despeito de obstáculos e tragédias. Meus heróis pessoais são os médicos e jornalistas que atuam em zonas de guerra, em nações atingidas pela fome ou por desastres naturais. Eles têm consciência de que não podem controlar ou alterar o passado, mas acreditam fortemente que podem influenciar o futuro. Em vez de ficarem paralisados pela tragédia, vêem-se instigados a agir.

Uma vítima da violência em Ruanda ou de um prédio derrubado por um terremoto no Irã pode não saber a razão que leva um médico francês a cuidar de suas feridas, mas fica agradecida por aquele ato de misericórdia e compaixão, pois ele simboliza o que de melhor existe dentro de cada um de nós. O primeiro ano de trabalho no Sri Lanka provou que as pessoas conseguem mostrar uma espantosa capacidade de trabalho quando solicitadas.

Tivemos de improvisar muita coisa enquanto avançávamos. Nossa equipe de desenvolvimento em São Francisco, trabalhando em contato íntimo com os grupos de voluntários, conseguiu arrecadar US$ 2,5 milhões em apenas nove meses – quantia suficiente para cobrir os primeiros três anos de trabalho no Sri Lanka. Estudantes de 250 escolas americanas participaram da campanha "Estudantes Ajudando Estudantes". Levantaram mais de US$ 500.000.

Quanto a mim, vou sempre me lembrar do dia 4 de janeiro de 2005, quando estávamos reunidos discutindo os planos de reconstrução das escolas no Sri Lanka. Sabendo que alguns membros da equipe estavam hesitantes, quis mostrar-lhes que tínhamos condições de encarar o desafio. Lembrei-me do personagem de Ed Harris no filme *Apollo 13*, observando o pânico dos colegas enquanto metodicamente ia definindo um meio de conseguir levá-los em segurança de volta à Terra. Ao passo que os outros, pessimistas, se fixavam em obstáculos e cenários dantescos, ele estava concentrado em descobrir o que fez os primeiros astronautas da NASA se tornarem heróis nos anos 1960. Com esse exemplo em mente, distribuí para cada pessoa um folheto com uma foto do personagem de Ed Harris e suas palavras imortais: "Com todo o devido respeito, senhores, acredito que este vai ser o melhor momento da NASA."

Se você pede às pessoas que se concentrem, que pensem criativamente e que produzam resultados extraordinários, elas em geral correspondem. O problema é que raramente as pessoas são solicitadas a fazer isso nos dias de hoje. Como era de se prever, o Sri Lanka se tornou um dos melhores momentos da Room to Read.

VOCÊ DIZ QUE QUER MUDAR O MUNDO?

Pare de falar, comece a agir

Se está pensando em fazer alguns ajustes em sua vida antes de começar a ajudar a mudar o mundo, minha mais sincera recomendação é que não perca muito tempo pensando nisso. Simplesmente mergulhe.

Sei que todo tipo de consideração prática torna este conselho difícil de ser seguido. Podem existir empréstimos a serem pagos, a necessidade de pedir a opinião de amigos e da família e também o desejo de elaborar um sério plano de trabalho. Não estou dizendo que não deva fazer essas coisas – só que não deve perder muito tempo com elas, ou perderá o momento.

O risco é maior porque muita gente vai tentar convencê-lo a desistir de seu sonho, argumentando que isto ou aquilo não pode dar certo. Poucos são capazes de torcer por você dizendo: "Pode contar comigo." Quanto mais tempo você gasta olhando para o umbigo, mais tempo dá para que essas forças gravitacionais negativas o mantenham aprisionado.

Como exemplo, eu citaria nosso trabalho no Sri Lanka. Após o devastador tsunami, tive de provar a mim mesmo que dispunha de fibra para seguir meu próprio conselho. Informes indicavam que centenas de escolas tinham sido destruídas na Indonésia e no Sri Lanka. A Room to Read não trabalhava em nenhum desses dois países, por isso era difícil encontrar um meio de ajudar. Mas eu estava inteiramente convencido de que dizer "não trabalhamos lá, o problema não é nosso" não era uma resposta digna de uma jovem e valente obra social, que nunca se mostrara disposta a aceitar limites.

Então propus à nossa equipe, e à nossa diretoria, que iniciássemos imediatamente as operações no Sri Lanka, arrecadando US$ 1 milhão de dólares para dar a saída e começando a identificar as comunidades cujas escolas tinham sido destruídas. Houve, é desnecessário dizer, um coro tentando me convencer de que não poderíamos fazer isso: "Não temos nenhuma equipe lá", "A Room to Read não está autorizada a trabalhar no Sri Lanka", "Já estamos ocupados demais com os nossos cinco países".

Em 3 de janeiro convoquei a junta de diretores para uma reunião de emergência ao telefone e incluímos Erin, nossa principal chefe de operações, para podermos contar com seu inestimável ponto de vista. Estávamos todos unidos em nosso desejo de ajudar as vítimas do tsunami, mas ainda com medo de mergulhar em algo tão novo.

Argumentei:

– Já estamos trabalhando no sul da Ásia (Nepal e Índia) há mais de cinco anos. Estabelecemos parcerias com cerca de 1.500 comunidades de ponta a ponta da Ásia para construir novas escolas e bibliotecas. Sabemos fazer isso. Sim, o Sri Lanka vai ser uma novidade para nós, mas não é como da primeira vez que nos lançamos. E acho que é importante lembrar que a Room to Read é uma organização que tem sido construída com base num ethos de pensamento audaz e ação direta. Vamos querer dizer a essas comunidades devastadas "Desculpem, mas isto não faz parte do nosso plano de trabalho, portanto não podemos ajudá-los"?

Houve um silêncio mortal no telefone. Eu estava suando. Aquele era potencialmente um momento que poderia me fazer perder a fé na capacidade de nossa equipe para pensar grande sobre a possibilidade de produzir mudança. O silêncio foi quebrado por Jenny, antiga participante de nossa diretoria, por cuja opinião eu tinha grande respeito.

– Sabemos muito pouco sobre o Sri Lanka. Se quisermos tomar esta decisão, devíamos fazer um estudo de três meses da situação e então decidir.

Mais silêncio mortal. Agora eu estava realmente suando.

Muneer Satter, antigo sócio da Goldman Sachs, respondeu:

– Jenny, com todo o devido respeito, se em 1998 John tivesse decidido fazer um estudo de três meses da situação do Nepal, provavelmente jamais teria fundado a Room to Read. O estudo revelaria tantos e tão terríveis obstáculos que ele teria ficado pessimista e nenhuma das grandes realizações dos últimos seis anos teria acontecido. Acho que devemos ir em frente, conscientes, é claro, de que encontraremos obstáculos, mas confiando que nossa equipe saberá superá-los.

Aplaudi silenciosamente e sugeri uma votação. A diretoria foi unânime em aprovar o lançamento imediato da Room to Read no Sri Lanka. Em nosso primeiro ano lá, começamos a construção de 40 escolas e abrimos 25 bibliotecas.

Às vezes é realmente importante mergulhar de cabeça. Se você quer fazer alguma coisa para transformar o mundo num lugar melhor, não se concentre nos obstáculos. Não peça autorização. Mergulhe de cabeça.

CAPÍTULO 24

O MILIONÉSIMO LIVRO

VOANDO DE BANGCOC PARA KATMANDU, eu olhava pela janela do Boeing 777 da Thai Airlines e via um dia sem nuvens. Daquela altitude, o litoral de Bangladesh parece um lugar calmo. Lá embaixo, no entanto, se debate uma nação com poucos recursos que se defronta com grandes desafios. Há anos recebemos pedidos para trabalhar lá. Eu me perguntava se seríamos capazes de arrecadar um volume de subvenções suficiente para dizer que sim.

Dar uma espiada pela janela me ajuda a afastar o clima sombrio estampado na imprensa internacional. As reportagens funcionam como um deprimente mostruário dos malogros do mundo moderno em pleno século XXI. Atentados suicidas no Iraque matam 67 pessoas em uma mesquita. Vladimir Putin está no Japão para discutir a posse de quatro ilhas desocupadas, geladas e rochosas de que os russos se apoderaram na última semana da Segunda Guerra Mundial. Alguém acredita que essa negociação vem se processando há 60 anos? As tensões entre israelenses e palestinos parecem não ter fim. Também se prevê uma renovada onda de violência entre os Tigres do Tamil e o governo do Sri Lanka.

Chega! Atiro o jornal na poltrona vazia ao meu lado e volto a pensamentos mais otimistas sobre os problemas do mundo que posso realmente ajudar a resolver. Está combinado que Dinesh vai me esperar no aeroporto. Já se passaram seis anos e meio desde que nos conhecemos. Naquele dia, eu e meu pai esquadrinhamos a multidão nos perguntando qual seria a aparência de um homem chamado "Dinesh" e torcendo para sermos capazes de identificar nosso parceiro de e-mail na multidão de cabeças nepalesas cobertas de *topi.*

Ainda é difícil assimilar plenamente como as coisas se modificaram desde aquele encontro inicial. A organização que eu e Dinesh iniciamos trabalha agora em seis países. Passamos de duas pessoas em meio período para uma equipe de 50 profissionais e mais de mil voluntários trabalhando na arrecadação de fundos. À nossa primeira biblioteca em Bahundanda juntaram-se mais de 2.300. Esta semana vamos comemorar uma grande marca para a Room to Read – a doação de nosso milionésimo livro.

Em agosto de 2005, quando percebi que estávamos chegando perto desse número tão simbólico, mandei um e-mail para Dinesh sugerindo que fizéssemos alguma coisa para celebrar a realização de um sonho. Foram anos de trabalho incessante; era importante relaxar e comemorar. Nada melhor do que voltar ao país onde tudo havia começado.

Dinesh, no entanto, planejou mais uma viagem de ritmo febril, cheia de visitas a diferentes locais, encontros com diretores de escolas e conversas com governos que queriam nosso apoio. Ele pretendia visitar 21 aldeias em três dias para que eu tivesse uma boa visão dos projetos da Room to Read. Em meu último dia no país celebraríamos o milionésimo livro.

De repente surge a cadeia do Himalaia e domina a terra, o céu e o pensamento de todos que estão sentados no lado direito do avião. Na realidade, os passageiros sentados do lado esquerdo parecem ter migrado para cá, o que significa que há três ou quatro pessoas apinhadas em cada janela. A cacofonia de *ohs* e *ahs* já é uma tradição no vôo 319 da Thai para Katmandu.

Na fronteira com a Índia, vejo a Kachenjunga, a terceira montanha mais alta do mundo. Consigo passar para o lado esquerdo e achar o Monte Everest, com fiapos de neve soprando a algumas centenas de metros do topo. Por mais de 300km, o que se vê do avião são picos com calotas de gelo. Foram essas montanhas que originalmente me levaram ao Nepal. Agora, são as crianças.

UMA MULTIDÃO ESTÁ À ESPERA DIANTE da esteira de bagagens. E que multidão! Nos Estados Unidos, com a vida agitada que levamos, abandonamos quase por completo o hábito de pegar os amigos que chegam de viagem. "Pegue um táxi", recomendamos em nossos e-mails. "Vá direto para o restaurante e nos encontraremos lá. Posso chegar alguns minutos atrasado, mas agüente um pouco que vou aparecer."

Aqui no Nepal, a recepção no aeroporto ainda é uma tradição. Por isso, algumas centenas de pessoas esperam os passageiros que chegam de Bangcoc e Nova Délhi. Ao localizar Dinesh entre a multidão, sobressalto-o com um grito de *"Bail!"* – palavra nepali para irmãozinho. Ele aperta contente a minha mão, me dá boas-vindas e, em seu modo habitual ("formal"), me conduz rapidamente entre os carregadores que oferecem seus serviços.

Assim que o carro começa a correr pelas ruas caóticas de Katmandu, eu e Dinesh começamos a falar das novidades: minha recente palestra em Bangcoc sobre responsabilidade social das empresas, o atual cessar-fogo entre os rebeldes maoístas e o governo do Nepal, os rumores sobre a possibilidade de um golpe de estado – levados tão seriamente em conta que, segundo se diz, o rei do Nepal está voltando cedo de um descanso no exterior. Também falamos da família de Dinesh e de nossos planos de jantar em meu restaurante favorito, especializado em *momo* (bolinho tipo nhoque, mas defumado). Então ele me arma uma surpresa.

– Esta sexta-feira vai ser incrível.

Lembro a ele que tenho perfeita consciência disso e não é por outra razão que estou lá. Ele ri e pergunta se não estou ansioso para assistir à cerimônia de inauguração da biblioteca, onde também vamos atingir e celebrar a marca de um milhão de livros doados. Confirmo minha ansiedade e ele dá risadinhas, desta vez de um modo um tanto acanhado.

– Dinesh, o que está acontecendo? Não quer me deixar entrar na piada?

– Na realidade não vamos inaugurar só uma biblioteca na sexta-feira. Quisemos tornar o dia especial. Então decidimos que 30 novas bibliotecas terão sua cerimônia oficial de inauguração entre as 10 e as 12 horas.

Estou atordoado.

– Trinta?

– Sim. *Tin say.* Trinta.

Estou admirado e também muito orgulhoso de Dinesh e de sua equipe por pensarem grande. As notícias deprimentes que li no jornal desaparecem da memória quando penso em 30 aldeias espalhadas pelo Nepal nos ajudando a comemorar esta marca milionésima. Cada uma com a sua biblioteca oferecendo um mundo de oportunidades para suas crianças, oportunidades que, de outro modo, seriam mínimas. Sinto-me abençoado por estar no leme de uma organização que tem tantas pessoas incríveis. E feliz por estar ali para participar daquela data tão especial.

A EQUIPE DO NEPAL PLANEJOU ME MOSTRAR o maior número possível de novas escolas e centros de informática nos dois dias antes da comemoração do milionésimo livro. Ela está compreensivamente orgulhosa de seu trabalho, por isso organizou uma viagem camicaze, que nos fará visitar 14 escolas num único dia.

A primeira parada é em Shree Bhagawati, empoleirada no topo de uma colina. Para conhecer a recém-inaugurada escola, que já tem 151 estudantes matriculados do primeiro ao quinto ano, com as meninas perfazendo cerca de metade das matrículas, é preciso ter fôlego. A subida me deixa sem oxigênio e faz minhas panturrilhas arderem. Yadav, engenheiro de nosso programa School Room (Sala de Aula), aproveita para me contar a história da aldeia enquanto respiro ofegante como um cachorro.

Os habitantes de Shree Bhagawati convenceram os donos da usina na beira do rio a doar o cimento para a obra. Como a escola seria construída 300m acima da usina, os pais das crianças se prontificaram a carregar o material de construção até o local, o que significava uma hora de subida íngreme. Fiz uma anotação mental para não esquecer de contar à patrocinadora do projeto que a aldeia adotada por ela estava cheia de bons negociadores com fôlego de atleta.

Após uma breve visita ao diretor da escola e da tradicional foto com os estudantes, iniciamos a descida. Um trinado no bolso de Dinesh nos avisa que o celular voltou a funcionar. Do outro lado da linha está Rajeev, o funcionário encarregado de nosso programa de bibliotecas. Mais 25 escolas comunicaram que vão inaugurar suas bibliotecas na sexta-feira. Chegamos assim a 55 unidades! Dinesh prevê que o número será mais elevado. Adoro essa equipe e sua ambição.

Enquanto Dinesh simultaneamente dirige, buzina, costura pelo tráfego e bate-papo ao telefone, eu agarro a maçaneta da porta com tanta força que meus dedos ficam brancos. Olhando ladeira abaixo, fico com a sensação de que vamos mergulhar quase verticalmente no rio. Cheguei à conclusão de que é melhor olhar para cima. Reparo numa grande escola e pergunto a Dinesh por que ela me parece familiar. Não querendo acrescentar mais nenhum item à pluralidade de tarefas de sua lista, ele diz a Rajeev que tem de desligar.

Dinesh me lembra que aquela é a Escola Simle, que inauguramos em 2003. Proponho que façamos uma visita-surpresa. Dinesh alega que o diretor não está nos esperando; eu replico, dizendo que tanto melhor. Freqüentemente me pergunto o que acontece em nossas escolas nos dias em que eu ou a equipe local da Room to Read não estamos por perto e não há nenhuma cerimônia em homenagem aos visitantes estrangeiros. Aqui está uma oportunidade de descobrir. Os professores estão trabalhando? As salas estão cheias de alunos?

Um cenário de pesadelo brota na minha mente. E se a escola estiver malcuidada? Se as salas estiverem sendo usadas para alojar galinhas na turma do primeiro ano e bodes na turma do segundo? Sei que o mundo está cheio de projetos bem-intencionados, mas que não foram bem planejados e se tornaram impraticáveis.

Enquanto caminhamos pelo pátio da escola, sinto uma ansiedade absurda. Mas logo fica claro que não há nada a temer. Cada sala de aula parece, mesmo à distância, estar cheia de alunos. Daí a minutos, quando começa o recreio, somos cercados por centenas de alunos. Todos parecem felizes, saudáveis e autoconfiantes quando gritam "alô, senhor" e fazem pose para a câmera.

O diretor reconhece Dinesh e Yadav e se junta ao nosso improvisado giro de inspeção. Diz orgulhoso que as matrículas passaram de 550 crianças em 2002 para 700 em 2003, quando construímos um anexo, e para as atuais 1.150 crianças, quando um segundo anexo foi necessário, com cinco novas salas de aula e outra biblioteca. Como as necessidades da comunidade não paravam de crescer, a escola recorreu à Comissão de Desenvolvimento do distrito (o nível local de governo) para financiar um terceiro anexo, com direito a reformar os banheiros e construir um santuário para a deusa da educação.

Ficamos felizes em ouvir que a Escola Simle fizera a última obra sem pedir nossa ajuda. Sempre incentivamos as escolas a buscar o suporte da comunidade e a auto-suficiência a longo prazo. Essa era a situação ideal, pois nos permitia investir em alguma nova aldeia que também precisava de nossa ajuda. Dei parabéns ao diretor e disse a ele como estava orgulhoso de que a Room to Read tivesse desempenhado um papel nisso. Desculpando-me por passar sem aviso, disse que sabíamos que ele estava ocupado e que eu esperava vê-lo de novo em minha próxima viagem ao Nepal.

Era preciso ligar para os doadores que tinham subvencionado a Escola Simle e informá-los de que ela estava em pleno funcionamento e cheia de alunos.

O TELEFONE DE DINESH TORNOU A TOCAR quando estávamos a caminho da última visita do dia. Pude captar o suficiente de seu nepali para perceber que estávamos aumentando o número de bibliotecas tão depressa quanto a Escola Simle estava aumentando o número de alunos. Uma ONG parceira na região de Terai, na fronteira com a Índia, tinha antecipado a data da inauguração de 15 novas bibliotecas. Já eram 70 novas bibliotecas!

Fiquei empolgado com a última parada do dia: a escola Shree Bageshwori, construída em 2003 com recursos fornecidos pelas 85 Broads, aquele grupo de funcionárias e ex-alunas da Goldman Sachs que tinha ajudado a transformar a escalada do Everest em um evento de arrecadação de fundos para a Room to Read. Em apenas dois anos as matrículas na Bageshwori tinham ultrapassado a marca dos mil alunos.

A equipe da Room to Read no Nepal estava impressionada com a dedicação dos professores e a tendência de crescimento das matrículas. Naquele ano, o pedido de uma sala de informática fora atendido em reconhecimento ao progresso deles. Sentia-me feliz em comparecer à cerimônia de inauguração.

Os alunos provaram na prática que estavam prontos para usar seu novo laboratório de informática. Praticaram suas habilidades no Power Point, fazendo cartazes de boas-vindas: "Obrigado por apoiar nossa escola", "Obrigado, Room to Read, pelo apoio para montarmos salas de informática", "Obrigado, Room to Read, por nos dar tanta coisa... Como expressar o que sinto? Eu simplesmente gosto muito de vocês!" e "Bem-vindo, John Wood".

A cerimônia ainda não havia começado e eu já estava dominado pela emoção e pela pura e simples alegria de saber que algum lugar na Terra estava melhor do que antes. Devido ao trabalho de tantas pessoas em nossa rede globalizada de voluntários, essas crianças teriam a oportunidade de aprender a se conectar com o mundo exterior.

Nada mais eloqüente e esclarecedor para mim; é para eles e por eles que eu precisava continuar obsessivamente concentrado no trabalho da Room to Read. É por isso que estou sempre viajando, quando preferiria ficar em casa, e resisto à tentação de levar uma vida "normal"; porque existem dezenas de milhares de outras escolas exatamente como Bageshwori precisando de nossa assistência.

O DIA DA COMEMORAÇÃO DO MILIONÉSIMO LIVRO amanhece frio o bastante para que eu use um agasalho pesado. Acordo às 7h30 e caminho durante uma hora pelas ruas de Katmandu. Gosto muito da cidade àquela hora por causa das ruas limpas, do pouco tráfego e do ar puro que ainda conserva um pouco da friagem da noite, embora o sol já tenha aparecido.

Lojistas passam um pano nas vitrines e varrem as fachadas com vassourinhas que parecem de brinquedo. Deve ser uma batalha tentar manter uma loja limpa naquela cidade perpetuamente empoeirada. Troco *namastes* com vários deles. Numa viela, um cachorro perdido se precipita sobre um osso, masca, solta o osso e o examina comicamente, como se perguntando sobre a falta de carne. Gostaria de ter trazido alguns biscoitinhos caninos comigo.

De volta à minha pensão, folheio os jornais locais. Uma frase em uma reportagem sobre a educação no Nepal me chamou a atenção:

> Em minha aldeia, assim como nas cidades, existem bares em cada esquina e em cada canto. Com o tempo, adquiri o hábito de beber e me tornei alcoólatra. Se, em vez de bares, esses locais fossem bibliotecas e livrarias, eu seria um homem completamente diferente.
>
> Manu Brajaki, citado no
> *Katmandu Post*, 15 de novembro de 2005

Espero que Manu descubra o que estamos fazendo hoje; acho que ele aprovaria.

Dinesh e Rajeev chegam e pedimos um grande bule de chá com leite. Eles parecem estar tão empolgados quanto eu por aquele dia. Pergunto se há novidades. Dinesh anuncia que sete outras ONGs decidiram juntar-se a nós e cortar hoje a fita vermelha de suas novas bibliotecas financiadas em parceria conosco. Na realidade, algumas começaram cedo e já estavam abrindo as portas das bibliotecas enquanto tomávamos nosso café da manhã.

Então pergunto qual é o último número: 111 novas bibliotecas. Rajeev interrompe sua conversa no celular para corrigir Dinesh. Um fax recém-chegado ao escritório anunciava a inauguração de

12 unidades na região de Terai, ao longo da fronteira com a Índia. O número sobe para 123. Estou extasiado. Todo o Nepal parece ter pegado a febre do milionésimo livro. Em 19 distritos diferentes, das pastagens, pântanos e florestas do Sul à sombra da cadeia Annapurna em Pokhara, discursos estão sendo feitos e bibliotecas estão sendo inauguradas em ritmo febril.

Posso imaginar os meses de planejamento que foram necessários para que este dia acontecesse. Primeiro, a escolha das escolas participantes, as parcerias negociadas, os profissionais treinados, as prateleiras construídas e os livros transportados. Hoje, em homenagem ao milionésimo livro, tudo se juntaria. A equipe da Room to Read local me lembrava uma orquestra na qual os músicos ensaiaram com esmero para conseguir executar com perfeição a sinfonia.

Temos três cerimônias de inauguração para comparecer, por isso pago rapidamente a conta. Enquanto nos encaminhamos para o carro, penso no impacto que a Room to Read terá na vida das comunidades. Presumindo que, em média, 300 crianças tenham acesso a cada biblioteca, isso significa que 36 mil crianças terão uma oportunidade que anteriormente não existia em suas aldeias. Dou tapinhas nas costas de Rajeev e lhe digo que eu e Dinesh jamais imaginamos a possibilidade de a Room to Read inaugurar tantas bibliotecas, muito menos em um único dia.

LOCALIZADA NA PONTA NORDESTE DA PERIFERIA de Katmandu, a escola secundária Shree Ram Janaki e seus 135 alunos nos aguardam. Cravos estão sendo enfiados em guirlandas de boas-vindas e as crianças menores colhem no bosque em volta da escola pequenas flores para oferecer aos convidados.

A estrada cheia de sulcos quase engole o pequeno carro de Dinesh (não há Land Rovers em nossa organização de baixo custo operacional), por isso paramos na margem de um campo com cabras pastando. Enquanto caminhamos as últimas centenas de metros para alcançar a escola, vemos crianças se apressando para formar o tradicional corredor humano de boas-vindas. Recebemos tantas flores que é difícil fitar cada aluno nos olhos e agradecer. As crianças mais novas precisam da ajuda de um professor, que as pega no colo para que possam colocar suas guirlandas de flores em volta do meu pescoço.

Mostram-nos cadeiras cuidadosamente instaladas à sombra do telhado da escola e uma grande faixa anunciando a inauguração da nova biblioteca bilíngüe. O microfone aguarda os oradores, o incenso queima e, no pátio, os alunos sentam em fileiras de bancos compridos. O diretor anuncia alegre que aquele é um dos dias mais importantes na história da escola. Na biblioteca residem as oportunidades para os estudantes aprenderem como o mundo funciona. Podem ver mapas e fotos de terras e oceanos muito distantes, ler sobre a rica história de seu país e começar a pensar sobre se gostariam de ser médicos, empresários ou pilotos ao terminarem os estudos.

Revejo mentalmente as visitas semanais que eu fazia à biblioteca de minha cidade natal e a tremenda energia que aquelas centenas de livros desencadearam no meu jovem cérebro. Espero que a biblioteca daquela escola seja uma pequena retribuição pelos privilégios de que desfrutei.

Um grupo de alunas apresenta um número de dança e, na seqüência, começam os discursos. Vários professores e um membro da administração da aldeia lembram a importância da leitura e citam suas metas para o futuro da escola. Nesse momento, meus pensamentos flutuam; eu me imagino pairando a 30.000m e dando uma olhada nas 123 bibliotecas que estão sendo inauguradas.

Nas sombras do Himalaia, em aldeias empoleiradas nas encostas de montes íngremes e verdejantes, em estreitos vales de rios e em bairros empoeirados de Katmandu, comunidades estão se reunindo para comemorar um marco de seu desenvolvimento. Os pais sabem que uma parte vital da educação que perderam estará à disposição dos filhos a partir daquele dia. Imagino 30 mil crianças lendo livros e penso em como fora modesto meu objetivo original em 1998 – só uma biblioteca, em Bahundanda.

Desde aquele primeiro pequeno passo, o progresso tem seguido um ritmo tão avassalador que, às vezes, me deixa com falta de ar. Se eu tivesse a opção de começar novamente, teria feito exatamente igual. Em minha espaçonave imaginária, agora contemplo a Índia, o Laos, o Sri Lanka, o Camboja, o Vietnã, o Nepal e penso em todos os outros projetos que as equipes locais da Room to Read implementaram nesses países: 2.300 bibliotecas em seis nações muito carentes de recursos; mais 200 escolas, 50 centros de informática e de idiomas e 1.700 meninas com bolsas de estudo de longo prazo; um milhão de livros doados.

Estou imensamente satisfeito com o rumo que minha vida tomou. Parece difícil acreditar que um dia eu tenha achado que poderia não haver "vida após a Microsoft". A companhia funcionou como um trampolim para a missão que escolhi no universo, pois me proporcionou a independência financeira e o kit completo de técnicas de administração que se mostraram imensamente úteis durante a construção da Room to Read.

Minhas reflexões são interrompidas pelo diretor da escola. Ele traz uma tesoura para cortar a fita vermelha esticada na frente da porta da biblioteca. Caminho devagar. Gostaria de poder parar o tempo e preservar para sempre aquele instante. Corto a fita e ponho meu braço em volta de Dinesh para entrar em sua companhia em uma sala cheia de carteiras, cadeiras, cartazes e prateleiras de livros em nepali e em inglês. As paredes estão pintadas com cores vivas, simbolizando um futuro mais luminoso para os alunos.

Dez mil cortes de fitas estão à nossa frente. Com determinação, tenacidade, paixão e força de vontade, a Room to Read vai continuar acrescentando novas escolas e bibliotecas até que todas as crianças tenham acesso à educação. Milhões delas estão à espera dessa oportunidade. Espero e rezo para que não as deixemos esperando por muito mais tempo.

EPÍLOGO

O PRÓXIMO CAPÍTULO DE MINHA VIDA ADULTA

QUANDO DECIDI "ADOTAR" PROJETOS DE educação na Ásia, não parei para refletir sobre as implicações a longo prazo. Fui impelido por um desejo premente de fazer alguma coisa para ajudar crianças que não tinham acesso à educação. Do ponto de vista mais imediato, estava simplesmente respondendo a uma necessidade e a um pedido de ajuda. Não tinha intenção de deixar meu trabalho na Microsoft, fundar uma ONG ou trabalhar longas horas sem remuneração.

Tudo o que aconteceu desde então brotou daquele primeiro dia na cordilheira de Annapurna, quando Pasupathi convidou-me a visitar uma escola e eu disse "sim" ao pedido de livros feito pelo diretor. À medida que o tempo foi passando, meu destino ficou cada vez mais ligado à busca da instrução universal.

Houve momentos importantes, como a saída da Microsoft, a contratação dos primeiros funcionários e a decisão de mudar a organização de meu quarto dos fundos para uma sede de verdade. Houve também passos pequenos, como responder à inevitável pergunta "o que você faz?" com uma explicação sobre as escolas e as bibliotecas no Terceiro Mundo, e não de minha carreira como executivo na indústria de tecnologia.

Em janeiro de 2004 entrei na faixa dos 40 anos. Para muita gente, essa marca é um momento de introspecção profunda e de busca interior. Fiquei espantado ao perceber que acordei e fui para o escritório como se fosse um dia como outro qualquer. Naquela noite, um grupo de amigos comemorou meu aniversário em um badalado restaurante vietnamita, o Ana Mandara, às margens da baía de São Francisco. Mark, um colega dos tempos da Microsoft, perguntou se eu não estava incomodado por virar um quarentão.

– Não, de fato não. Pensei que ficaria, mas tudo parece normal. Tirei uma hora hoje à tarde para fazer anotações no meu diário a esse respeito. Você sabe, acho que a principal razão de não me sentir diferente é que estou realmente feliz com minha vida, do jeito que ela está hoje. É impossível sentir qualquer outra coisa a não ser alegria pelo modo como as coisas foram acontecendo. Acho que o medo que alguém possa sentir de uma data tão marcante se relaciona diretamente ao fato de a pessoa estar ou não feliz com sua vida. Se você realmente gosta do que faz e está cercado por uma família e por bons amigos, então 40, 50 ou 60 vão ser apenas números redondos, não motivo de pânico.

Claro, houve perdas e estou dolorosamente consciente disso. Após uma série de relacionamentos fracassados, estava comemorando meu quadragésimo aniversário sem uma companheira ao meu lado. Ainda não tinha conseguido comprar uma casa em São Francisco e me conformava em levar a vida como inquilino, sem contar que tinha de pedir a milhagem acumulada de amigos para não ter que sentar na traseira do avião em viagens de 22 horas para partes remotas da Ásia.

Todo mês eu fazia as contas e ficava com medo de não conseguir honrar a folha de pagamentos. Passava minhas noites com doadores que tinham acabado de ganhar dezenas de milhões de dólares abrindo o capital de suas empresas pontocom ou negociando-as, depois voltava para casa e abria extratos bancários que mostravam que meu saldo continuava baixo.

Sim, havia perdas, mas elas sempre existirão na vida. Poucas pessoas no mundo tiveram tanta alegria em seu trabalho quanto eu. E raríssimas são as que pulam da cama na segunda-feira tão ansiosas para chegar ao escritório. Minha amiga Sarah deve ter percebido meu estado de espírito, pois escolheu uma citação de São Francisco de Sales para colocar em meu cartão de aniversário:

> Não queira ser qualquer coisa diferente do que você é,
> e tente sê-lo o melhor que puder.

"O que eu sou" se alterou nitidamente nos últimos anos. Fazer 40 anos só enfatizou minha satisfação com a jornada e com a aventura com que a vida tem me abençoado.

Naquele dia, enquanto fazia anotações no meu diário, tentei imaginar como seriam os próximos 10 anos. Contanto que a saúde permaneça boa, é possível que não haja período na vida tão produtivo quanto os 40 anos. Em geral, temos estabilidade financeira, sólidas redes de amigos para nos apoiar e muito mais clareza sobre nosso lugar no mundo. E, principalmente, ainda temos bastante energia, e o mundo está disposto a nos encarar com mais seriedade.

Na realidade, recebi com prazer os primeiros cabelos brancos que apareceram nas minhas têmporas. Com certeza isso ia fazer com que mais gente acreditasse que tenho maturidade suficiente para dirigir uma organização global. E dei a mim mesmo um presente: abandonei qualquer veleidade de retornar ao mundo da tecnologia. Sinto-me feliz em saber quem sou, no que quero me concentrar e como me auto-avaliar.

Penso em Vu, o primeiro estudante que ajudei. Começando com uma bolsa de estudo de US$ 20 em 1997, ele se tornou fluente em três idiomas e se pós-graduou em engenharia de software. A esposa é uma enfermeira qualificada que ajuda os pobres, e a filha, Thao, se beneficia de ter pais instruídos que acreditam que as meninas, assim como os meninos, devem estar na escola.

Tento imaginar todos os outros estudantes que ainda estão nos primeiros anos da ajuda prestada pela Room to Read. Se Vu pôde fazer tanto progresso em oito anos, o que pode acontecer com quase um milhão de outros estudantes que estão agora freqüentando nossas escolas e "devorando" livros em nossas bibliotecas?

Johann Wolfgang von Goethe escreveu uma vez sobre a *Quinta sinfonia* de Beethoven: "Se todos os músicos do mundo tocassem essa música ao mesmo tempo, o planeta sairia de seu eixo."

Informações sobre os próximos lançamentos

Para receber informações sobre os lançamentos da EDITORA SEXTANTE, basta cadastrar-se diretamente no site www.sextante.com.br

Para saber mais sobre nossos títulos e autores, e enviar seus comentários sobre este livro, visite o nosso site www.sextante.com.br ou mande um e-mail para atendimento@esextante.com.br

EDITORA SEXTANTE
Rua Voluntários da Pátria, 45 / 1.404 – Botafogo
Rio de Janeiro – RJ – 22270-000 – Brasil
Telefone (21) 2286-9944 – Fax (21) 2286-9244
E-mail: atendimento@esextante.com.br